Ellersiek / Wiegen- und Ruhelieder

Wilma Ellersiek

Wiegen- und Ruhelieder in der Quintenstimmung

für Kinder zwischen 0 und 9 Jahren

Herausgegeben von

Ingrid Weidenfeld

Verlag Freies Geistesleben

Die Herausgeberin:

Ingrid Weidenfeld. Geboren 1956 in Stuttgart. 1975 bis 1982 Rhythmik- und Violinstudium an der Hochschule für Musik und Darstellende Kunst Stuttgart. Innerhalb des Regelstudiums Rhythmik-Spezialausbildung bei Frau Prof. Wilma Ellersiek im Fach «Rhythmik für das Vorschulkind». Diplom-Abschluss in beiden Studiengängen.
1978 bis 1984 intensive Unterrichtstätigkeit mit dem Spielkomplexmodell von Wilma Ellersiek (Mutter-Kind-Rhythmik) an einer Familienbildungsstätte und Violinunterricht an einer Jugendmusikschule.
1984 bis 1997 Dozentin für die von Wilma Ellersiek entwickelte Vorschul-Rhythmik an der Hochschule für Musik und Darstellende Kunst Stuttgart. Daneben ständig Durchführung von Rhythmik-Kursen für Vorschulkinder und Eltern.
Ab 1997 für vier Jahre Mitglied der freien Musikschule «balance – Forum für Musik» in Stuttgart als Lehrkraft für die musikalische Frühförderung (wiederum mit dem Ellersiek-Modell) und für Violine.
Seit Herbst 2001 Aufbau eines Kurs- und Ausbildungssystems in Stuttgart für die Handgestenspiele, die Liebkoschen und die Spielkomplexe von Wilma Ellersiek.

ISBN 3-7725-1981-4

1. Auflage 2001
Verlag Freies Geistesleben
Landhausstraße 82, 70190 Stuttgart
Internet: www.geistesleben.com

Zeichnungen und Umschlagillustration: Friederike Lögters
Gedruckt auf Epos 100 g TCF, hergestellt von Klippan Papier,
im Vertrieb bei Classen-Papier
Druck: Druckerei zu Altenburg, Altenburg/Thüringen

Inhaltsverzeichnis

a = geeignet für Ruhephasen in Spielzusammenhängen
b = auch für Choroi-Flöte gedacht
c = mit Kinderharfe zu spielen und zu begleiten
d = mit Metallinstrumenten zu begleiten
e = mit Handgesten

Das Kind lebt noch mehr in seinem Ursprung.
Es strebt in das Tagesbewusstsein hinein,
aber sein Tagesbewusstsein ist fortwährend
durchmischt vom Nachtschlaf, von dem
heiligen Eintauchen in das Reich der Engel.
Wenn man Kinder schlafen sieht, hat man
eigentlich immer das engelhafte Bild des
ursprünglichen Menschen vor sich.
Kinder können ja so von ganzem Herzen
schlafen, weil sie diese Engel-Seite der Welt
noch «kennen».

K. von Wistinghausen

Vorwort

Wiegenlieder, also ein Buch nur für Eltern mit ganz kleinen Kindern? Ganz sicher nicht, denn Wiegenlieder sind weit über das erste Lebensjahr hinaus bei den Kindern sehr willkommen, oft bis ins frühe Schulalter hinein. In diesem Buch handelt es sich um ganz besondere Lieder, die Melodien sind ausschließlich mit dem Tonmaterial der Quintenstimmung komponiert, einem Tonraum, der der kindlichen Singstimme am besten entspricht, gleichzeitig ein Tonraum, der frei lässt, der noch keine Bindung an eine Tonart hat, so wie auch das junge Menschenkind noch alle Türen offen hat, noch keine Spezialisierung in das eine oder andere Interessengebiet vorweist.
Die Kinder leben in diesem Tonraum, sie singen sehr bald selbstverständlich und mühelos mit. Anders ergeht es den Erwachsenen. Für viele ist der Tonraum der Quintenstimmung sehr fremd, schwer zu hören und noch schwerer zu singen. Das Bemühen darum wird schließlich reich belohnt, denn nicht nur die Kinder empfangen ihnen adäquate Lieder, auch die Erwachsenen werden bald spüren, was für eine heilsame Wirkung in dieser Tonwelt lebt. «Aller Anfang ist schwer», dieses Sprichwort bewahrheitet sich auch beim Erlernen der Quintenlieder. Für den Anfang ist ein Instrument sehr hilfreich, zum Beispiel die Intervallflöten von Choroi. Diese Flöten haben nur ein Loch, können also auch von absoluten Anfängern geblasen werden und sie sind zum Beispiel auf die Quinte d' – a' gestimmt, der in diesen Liedern am häufigsten vorkommende Tonsprung.
Frau Wima Ellersiek, die Urheberin all dieser hier gesammelten Lieder, arbeitete viele Jahre an der Staatlichen Hochschule für Musik und darstellende Kunst in Stuttgart. Sie bildete im Fach Rhythmik Schauspieler, Sprecherzieher und Rhythmiker aus. Als Ende der sechziger Jahre die musikalische Früherziehung für Kinder ab vier Jahren ihren Feldzug begann, damals in denkbar unkindlicher Weise, fühlte Frau Ellersiek einen starken Impuls, dieser sehr kopfbetonten Musikerziehung ein kindgemäßes Angebot entgegen zu stellen. Sie entwickelte Spieleinheiten gemeinsam für Kinder und Mütter. Jede einzelne Mutter-Kind-Stunde war ein in sich geschlossenes musikalisches Kunstwerk, die Musik hineingeheimnist in durchstrukturierte, durchmusikalisierte, gereimte Sprache und Bewegungsabläufe, groß- und kleinmotorisch. Für diese Art Früherziehung entstanden auch erste Quintenlieder. Jede lebhafte Spielsituation innerhalb einer solchen Stunde klang aus in einem Ruhelied. Im Laufe der Jahrzehnte sammelten sich viele Ruhelieder an, vor allem kamen mehr und mehr Lieder hinzu, die längst vor der Spielgruppenzeit an die Kinder herantönen sollen, Lieder, die bereits Neugeborene mit sanftem musikalischem Schwingen und mit großer Ruhewirkung umhüllen.
Um die Lieder und die zu einem Teil der Lieder gehörenden Handgesten in ihrer Schlichtheit wirkungsvoll umsetzen zu können, muss jeder Erwachsene zuerst im stillen Kämmerlein üben. Beispielsweise wirken die Lieder nicht, wenn sie zu schnell oder zu langsam gesungen werden, das Tempo der Lieder orientiert sich am Puls des Kindes. Handgesten können lächerlich wirken, werden sie nur als Zierrat hinzugenommen. Werden die Bewe-

gungen aber phänomenologisch stimmig geübt und dem Kind als belebtes, beseeltes Bilderbuch vorgestellt, zeigt sich eine erstaunliche Wirkung bezüglich der Aufmerksamkeit, der Bereitschaft nachzuahmen und der Sprachentwicklung.
Leichter ist der Einstieg in diese frühkindliche Klang- und Bewegungswelt in einem Kurs zu erlangen. Entsprechende Angebote finden sich im Adressteil am Ende des Buches.

Ingrid Weidenfeld

Das Wiegen

Am Webstuhl der Zeit

Wenn eine Mutter
ihr Kindlein tut wiegen
lächelt der Mond
in das Fenster herein,
tut sich der Himmel
der Erde anschmiegen,
wiegt eine Mutter
ihr Kindelein.

Gottfried Wolters

Mit der Geburt tritt das Kind ein in den Raum der Schwere-Wirkungen, und wir sind aufgerufen, ihm auf dem beschwerlichen Weg in sein Erden-Dasein, für sein Wohl-Befinden immer wieder das Erlebnis der Schwerelosigkeit zu vermitteln. Eine ganz besonders schöne und wirkungsvolle Art, das zu tun, ist das Wiegen.

Das Wiegen ist gewissermaßen eine Fortführung des Getragen- und Gewiegtwerdens, das das Kind im Mutterleib erfuhr, wenn diese im Gehen und Schreiten sich mit dem Embryo fortbewegte.

Andererseits ist zu bedenken, dass das Kind, das vor der Geburt vom Fruchtwasser, dem wässrigen Element, umspült war, danach das Umspültwerden von der Luft erfährt – von dem Element, das ihm das Klingen und Tönen heranträgt an sein Ohr, an sein ganzes Leibes-Gefüge.

Das im Mutterleib nur dumpf wahrgenommene Klingen wird durch das Erleben des klaren Tönens abgelöst. So kann es auf einer anderen Ebene die vertrauten Geräusche im Mutterleib im Singen der Mutter wiederfinden.

Dieses Wiegen und Singen gehören zusammen. Nichts haben die Kleinen und auch noch die größeren Kinder so gerne wie das Gewiegtwerden mit Summen und Singen. Sie gedeihen geradezu wie durch eine besonders nahrhafte Speise – eine Himmelsspeise.

Das Wiegen mit Stimmklang und Sprache ist wie eine köstliche Nahrung für sie, ist Lebenswasser und Lebensbrot, das wir ihnen zukommen lassen.

Durch die Stimme der Mutter ist das Kind verbunden mit der Welt. Wie es vor der Geburt verbunden war durch die Nabelschnur, so ist es nach der Geburt in hohem Maße die Stimme der Mutter, eine «Stimm-Schnur» gewissermaßen, durch die es mit der Mutter verbunden ist und durch sie mit dem Erdensein, in dem es sich entfalten möchte.

Ganz besonders innig und tiefgreifend ist diese Verbindung gegeben beim Wiegen mit Singen. Unzählige Wiegenlieder sind ein Zeugnis dafür. In allen Zeiten hat es ein Bewusstsein für die Notwendigkeit des Wiegens gegeben. Wiegen und Schaukelstühle wurden gebaut, Hängematten geknüpft, aber nichts ist so geeignet, so bergend und umhüllend wie der Schoß der Mutter und der Arm des Vaters. Die Wärmewirkung, die durch den leiblichen Kontakt gegeben ist, ist von großer Bedeutung. Vor allem aber ist es der Ort, an dem das Kind am Herzen der Mutter liegt, den Herzschlag nicht nur mit dem Ohr, sondern mit seiner ganzen Leibesorganisation wahrnimmt. Wie vor der Geburt im Uterus, so ist es nach der Geburt im Schoße der Mutter geborgen. (In der Schweiz, so berichtete mir der bekannte Kinderbuchautor Jakob Streit, sage der Volksmund von einem ausgeglichenen, harmonischen Menschen, er sei ein in der Kindheit «Gut-Gewiegter».)

Den Säugling im Wasser schwimmen zu lassen, um den Zustand der Schwerelosigkeit, wie im Fruchtwasser, wiederherzustellen, die Geräusche, das Klingen und das Klopfen des Herzens im Mutterleib auf Band aufzunehmen und es dem Kind vorzuspielen, ist nicht das, was das Menschenkind braucht nach seiner Geburt. Wenn auch eine Beruhigung durch dieses Angebot des Erinnerns zu erzielen ist, so sollte man sich bewusst machen, dass das ein Weg zurück ist in einen Lebensabschnitt, den es überwunden hat, aus dem es herausgewachsen ist.

Es muss ein Angebot für seine jetzige und folgende Daseinsform gefunden und gegeben werden, um seinen leiblichen Erwartungen gerecht zu werden. Diese können durch elektronische Medien nicht befriedigt werden (siehe dazu auch Seite 84). Um den leiblichen Erwartungen des Kindes zu entsprechen, ist es wichtig, ihm im ersten Jahrsiebt und ganz besonders in den ersten drei Jahren, die Möglichkeit zu geben, die leiblichen Grundlagen für seine seelische und geistige Entfaltung zu schaffen.

Im Schoße ruht es am Herzen der Mutter. In den Wiegen- und Ruheliedern erlebt es auf höherer Ebene den «Herzschlag» durch gestaltete Sprache, im Rhythmus der Verse.

Die stetige Wiederkehr des Ähnlichen in den Sprachbetonungen, das Erleben der Pulsation im Gesungenen lässt im Kind ein Sicherheits-Empfinden entstehen. Und durch den Reim wird sein Vertrauen gestärkt. Die Gegebenheit, dass am Ende der Zeilen immer zwei Silben sich im Gleichklang finden, miteinander harmonieren, erlebt es mit seinem ganzen Leibe. Es ist wie von einer freudigen Erwartung erfüllt, denn, man kann sich darauf verlassen, dass es immer wieder so geschieht. Dadurch entwickelt sich Zuversicht. Die Wortbedeutung ist bedeutungslos, es ist die Klangharmonie mit ihrer ausgleichenden Wirkung, um die es dabei geht.

Die Begegnung mit der künstlerisch gestalteten Sprache im Wiegen- und Ruhelied ist eine Geborgenheitserfahrung auf höherer Stufe. Die Sprache ist eine geistige Realität, eine Wesenheit sozusagen. In der Begegnung mit ihr erfährt das Kind Hülle und Schoß (Heimat) in metamorphosierter Form.

Das Kind ist der Mensch, der erst erwachsen werden will und soll, es bedarf dazu eines Schonraumes, in dem es sich geschützt vor der Welt des Erwachsenen entfalten kann. Das gilt in besonderem Maße auch für die Musik, die an das Kind herangetragen wird. Es hat mit seiner Geburt den Raum der Sphärenharmonie verlassen müssen, aber das Tönen der Planeten klingt noch nach in ihm.

Einen Abglanz findet es hier auf Erden in der von dem Menschen geschaffenen Musik. Aus dem Zwölf-Ton-Raum des Quintenzirkels ist jedoch nur ein Ausschnitt für das Kind im ersten Jahrsiebt erfassbar, das ist die Quintenstimmung mit dem Zentralton a'. Diesen Tonraum kann es für sich fruchtbar machen, weil es darin noch mit dem Kosmos verbunden ist. Durch diesen Tonraum wird ihm ein «bergendes Gehege» geschaffen, es ruht darin wie in einem Sternen-Schoß. Ein ungetrübter, emotionsfreier, aller Erden-Unruhe enthobener Raum der Geborgenheit, vergleichbar dem, was wir erleben, wenn wir beim Betrachten von alten Gemälden, die noch einen Goldgrund haben, erfahren dürfen, wie wir von dem warmen Glanz hineingenommen werden wie in eine Licht-Hülle, die uns umgibt und schützt.

Es ist wichtig, sich bei der Gestaltung von Wiegen- und Ruhelied-Melodien darauf zu besinnen.

Wenn man sich einmal voll bewusst macht,

wie sehr das Kind den Einflüssen der Musik ausgesetzt ist, die heute allgemein ertönt, so sollte man sich aufgerufen fühlen, ihm so oft und so viel wie möglich einen andersgearteten Tonraum, einen «Schonraum» gewissermaßen, zu schaffen für den Beginn seines Lebensweges hier auf Erden.
Wer die volle Blüte und die gesunde Frucht erleben will, kommt nicht umhin, der Pflanze einen gesunden, kraftspendenden Boden zuzubereiten, in dem sie sich verwurzeln und gedeihen kann. So wird hier versucht, Wiegen- und Ruhelieder zum Singen und für Elementarinstrumente von Choroi, in der Quinten-Stimmung mit dem Zentralton a', «modellhaft» zu präsentieren.

Diese Lieder haben sich in jahrzehntelanger Praxis in Elternhaus, Kindergarten und Heim positiv bewährt, ebenso in der Arbeit mit Mutter-Kind-Gruppen in den rhythmisch-musikalisch gestalteten Spiel-Einheiten. In den in die Spiele eingebetteten Ruhephasen wurden sie als außerordentlich hilfreich und von tiefer Heilwirkung empfunden. Sowohl die Lieder als auch die Anwendung von Elementarinstrumenten von Choroi möchten Eltern, Erzieher, Heilpädagogen und Therapeuten anregen, für die eigene Situation Geeignetes auszuwählen und auszuprobieren, und sie gleichzeitig ermuntern zu eigenen melodischen und textlichen Gestaltungen im Sinne der vorangegangenen Ausführungen.

Die Nachahmung

«Das Kind richtet sich nicht nach Ideologien, hält sich nicht an ideale Menschenbilder und sucht nicht intensive oder existenzielle Erfahrungen. Statt dessen wird es von dem angeregt und entzückt, was es wahrnehmen kann, dessen Sinn sich ihm erschließt. In Anlehnung an Rilke und Barlach … sollte es auch dem Erwachsenen möglich sein, so von den Dingen her zu leben, bereit und offen, ihren Sinn zu erfahren. Dabei müsste freilich auch er das ‹Wagnis› eingehen, ‹das zum Wesen der offen sich aussetzenden Anteilnahme gehört›, bis schließlich ‹das Andere sich zeigt›, ‹das Dunkel weicht und die Sicht weit wird›. Dieser Weg setzt eine ‹kleine Wendung› voraus: ‹von uns weg dem Ding zu, dem Menschen entgegen› – «getrieben von der zunächst unbestimmten Hoffnung, dass in jedem Ding, in jedem Menschen, in jeder Aufgabe etwas Kostbares verborgen sei.»[1]

Das kleine Kind lebt im Vertrauen auf die Wahrheit der Welt. Es gibt noch keinen Unterschied zwischen Gutem und Bösem. Ungefiltert nimmt es mit seinen Sinnen wahr, was sich in seiner Umgebung abspielt. Seine Welt ist noch die Welt des Goldgrundes alter Gemälde. Das Kind lässt sich bedenkenlos auf das Wagnis ein, sich grenzenlos der Anteilnahme am Geschehen auszusetzen. Seine Erfahrungen macht es ausschließlich über den Leib. Alle Seelenregungen spiegeln sich im Körper des Kindes. «Tritt die Mutter an das Bettchen heran und spricht liebevoll mit ihrem Kind, wird es nicht nur strahlend lächeln, sein innerer Kontakt mit ihr teilt sich seinem ganzen Leibe mit. Die Glieder nehmen das wohlige Gefühl auf, sie beginnen freudig zu strampeln, die Lippen formen sich zu Lauten. Die Sprache und liebevolle Hinneigung teilen sich dem Kind mit, schließen es auf. Es nimmt noch nicht den Inhalt der Worte begrifflich wahr, aber die Liebe und Freude wecken unmittelbar die Intensität und Aktivität des Willens und wirken damit in dem noch weichen und plastizierbaren Leib organbildend. Die Sprachwerkzeuge … werden ausgeformt und der Atem vertieft sich.»[2]

Nach der Geburt sind alle Bewegungen, die das Kind tätigt, unkoordiniert, noch nicht einmal sein Blick ist zielgerichtet. Anders wie das junge Tier, das schon kurze Zeit nach der Geburt auf wackeligen Beinchen zu stehen und zu gehen vermag, auch ohne das Vorbild des Muttertieres, ist es dem Menschenkind gar nicht möglich, ohne das Vorbild des aufgerichteten Menschen diese Haltung zu erlangen. Aber das Kind bringt einen ungeheuren Willen mit auf die Welt, es will ein Mensch werden, es will aufrecht stehen, gehen, sprechen und denken lernen. Diese Aufgaben übernimmt das Kind selbstständig, alle Eltern wären machtlos, müssten sie diese Dinge dem Kind bewusst beibringen. Die Eltern sind trotzdem unmittelbar an diesem Lernprozess beteiligt, sie geben dem Kinde das Vorbild. Das Kind seinerseits ahmt willenshaft das Vorbild nach.

Hat das Kind erst einmal gelernt seinen Blick zu fixieren, beide Augen auf ein Ziel zu richten, kann es erste Bewegungsmuster aus seiner Umgebung wahrnehmen und nachvollziehen. Lange und unverwandt blickt uns das Kind an, es sieht die Bewegung unserer Lippen. Es dauert nicht lange, da beginnt es selbst seine Lippen zu bewegen. An solch kleinen Dingen übt das Kind zunächst seine ihm angeborenen Bewegungsmuster: «rauf-runter», zum Beispiel die Beinchen bei der Strampelbewegung, «hin-her», zum Beispiel die Ärmchen, und «auf-zu», beispielsweise die Augen oder der Mund, zu differenzieren.

Lange und unermüdlich übt das Kind, bis es einen begehrten Gegenstand sicher ergreifen kann. Auch die Sprache erlernt das Kind über die Nachahmung. Über das Auge nimmt es die Lippenbewegungen und die Sprachmimik wahr, über das Ohr den Klang der Laute. Grimassenschneidend ahmt es übend die Sprachmimik nach, lallend erübt es sich die Laute seiner Muttersprache. Ist das Kind soweit herangewachsen, dass es sich krabbelnd fortbewegen kann, werden alle Gegenstände restlos erkundet. Die Hände greifen nach allem Erreichbaren, von allen Seiten und mit allen Sinnen wird das Ding einverleibt. Wie es schmeckt, wie es riecht, ob es sich kalt, warm, hart oder weich anfühlt, ob es beweglich oder starr ist, nichts bleibt dem Kinde verborgen. Über dieses Tätigsein, über das Begreifen der Dinge, bildet sich der Begriff im Gehirn, erste Gedankenzusammenhänge werden möglich. Ist das Kind zum Kindergartenkind herangewachsen, ahmt es nicht mehr nur einzelne Bewegungen nach, jetzt kann es ganze Abläufe von Ereignissen nachahmend spielen. Dabei fällt dem wachen Betrachter auf, mit welch differenzierter Wahrnehmung die Kinder ihre Umgebung aufnehmen. Bis in den Tonfall hinein, bis hin zu winzigen Handbewegungen oder typischen Körperhaltungen von Erwachsenen, ahmt das Kind die Vorbilder nach. Alles Lernen geht beim Kind über den Leib. Was das Kind sich «einverleibt» hat, hat es für sein Leben gelernt. Welche Vorbilder das Kind aus der unendlichen Vielzahl der Angebote auswählt, ist individuell sehr verschieden. Was das eine Kind brennend interessiert, kann für ein anderes langweilig sein. Schon aus dieser Tatsache spricht deutlich, dass Nachahmung nichts Passives ist, sondern ganz im Gegenteil, eine starke Anteilnahme, ein starker Wille ist die Voraussetzung dazu.

Das Lernen über den Leib ist der Lernweg des Kindes, also sind die Erziehenden aufgerufen, ein möglichst umfangreiches, vielseitiges Bewegungsangebot dem Kinde zu bieten. Dazu gehören unbedingt Handgesten- und Fingerspiele, sie sind eine wunderbare Möglichkeit dem Kind in künstlerisch gestalteter Form ein «bewegtes Bilderbuch» zu schenken.

In diesem Buch sind einige Lieder zu finden, mit Anweisungen für Handgesten. Die dort beschriebenen Bewegungen sollten vom Erziehenden gut geübt werden, damit das Charakteristische des jeweils in der Bewegung dargestellten Wesens klar erkennbar wird. Kinder haben ein sehr feines Gespür für das Richtige, das dem Wesen Entsprechende, sie fangen augenblicklich das Kaspern an, wenn sich der Erwachsene nicht wirklich ernsthaft bemüht.

Tönt an das Kind ein Wiegenlied in der Quintenstimmung heran und sieht es dabei gleichzeitig noch schön geführte, sinnvolle Gebärden, so hat es ein ganzheitliches Erleben, einerseits in der Geborgenheit des Klanges von Melodie und gereimter Sprache, andererseits in der Wahrnehmung von wesenhaften Gebärden, Bewegungen also, die zur Nachahmung anregen und damit einverleibt werden können.

Nachahmung heißt das Zauberwort bis hin zum ersten Schulalter. Der Wille zur Nachahmung ist in jedem Kinde vorhanden. Jedoch gibt es Vorbilder und auch «Scheinvorbilder» (zum Beispiel im Fernsehen), die den Willen des Kindes schwächen, die tatsächlich in die Passivität treiben. Es ist und bleibt die Aufgabe der Eltern und Erzieher, über das vorbildhafte Verhalten dem Kinde die Welt erstrebenswert zu gestalten.

Ingrid Weidenfeld

Das Rhythmuserleben des Kindes im ersten Jahrsiebt

Das Rhythmuserleben des Kindes im ersten Jahrsiebt ist elementar, es ist durch die Pulsation bestimmt. Die Pulsation ist das Ur-Element, die Keimzelle alles rhythmischen Geschehens.
Sie ist die stetige Wiederholung eines Ähnlichen, nicht des Gleichen. Pulsation – das ist der am Herzschlag orientierte Grundschlag, der den zeitlichen Strom gliedert.
Die Pulsation ist zweiteilig, ist Polarität von «Anstoß» und «Erholung», ist «Impuls» und «Entspannung», meist als Pause bezeichnet, in der aber Entscheidendes geschieht, nämlich die Vorbereitung des neuen Anstoßes. Auch der Herzschlag ist zweiteilig, ist eine Polarität von Ausbreiten und Zusammenziehen (Systole und Diastole), ebenso die Atmung mit ihrer Polarität von Ausatmung und Einatmung. Wie der Puls und die Atmung ist die Pulsation variabel im Tempo, sie hat wie diese eine elastische Anpassungsfähigkeit und kann langsamer und schneller werden, wirkt so als ein belebendes Element im Zeitgeschehen. Die Pulsation bildet die Grundlage für alle zeitlichen Ordnungen.
Trotz ihrer Motorik hat die Pulsation nichts Maschinelles und hat nichts mit dem üblichen Zählen zu tun, dessen sich die Musikerzieher bedienen, um die Schüler an ein geregeltes Zeitmaß zu gewöhnen. Bekannt ist das maschinell funktionierende Metronom (Zeitmesser). Dieses mechanische, metrische Messen ist eine lineare, unlebendige Sekunde, in der der «Schlag» zerschlägt, zertrennt und nicht vorwärts treibt wie der Anstoß in der Pulsation.
Durch das metrische Messen wird alles lebendige Strömen und Atmen zerstört. Es hat eine ertötende Wirkung in allem musikalischen Geschehen.
Die Präzision der Pulsation ist eine andere als die der Maschine, sie ist nicht den Gesetzen der Mechanik, sondern denen des Lebendigen unterworfen. Dadurch ist sie nicht starr, nicht monoton, sie ist elastisch in ihrem ständigen Wechsel von Anstoß und Erholungsphase.

grafische Darstellung:

Metrum: –

Takt: • – – – – • – – – – • – – – – • – – – –

Pulsation: ~~~~~~~~~~~~~~~~~~~~~~~~~~~

Im ersten Jahrsiebt richtet sich die Organisation des Blut-Kreislaufes und der Atmung erst allmählich ein. Es ist ein rhythmisches Maß, das sich erst langsam einspielt und stabilisiert (dieser Prozess ist sogar erst um das neunte Lebensjahr eingespielt). Man sollte das Kind in dieser Lebensphase deshalb mit Reglementierung durch Metrum, Takt und festgelegten Notenwerten verschonen, da sie in dieser Zeit einen schädigenden, störenden, ja zerstörenden Eingriff bedeuten (siehe oben).
Bewegung – Sprache – Gesang sollten pulsatorisch an das Kind herangetragen werden (siehe vorausgegangene Ausführungen), um den Aufbau seiner Leibesorganisation und ihrer Funktionen zu unterstützen. Das gilt im besonderen Maße für die Wiegen- und Ruhelieder.

Die Quintenstimmung mit dem Zentralton a'

> Pentatonische Weisen können nur um eine Mitte schwingend sich bewegen:
> Sie schweben ohne betonten Anfang, ohne zielhaft angestrebtes Ende.
> Sie weiten sich in der Spirale oder in wachsenden Ringen und schwingen immer wieder in sich zurück.
> Sie spielen mit Tönen
> und sind tönendes Spiel!
>
> *Fritz Jöde*

Die Quintenstimmung mit dem Zentralton a' stimmt mit dem Welterleben des Kindes im ersten Jahrsiebt überein, das noch ganz in der Einheit mit der Welt lebt und ihr noch nicht polar gegenübersteht. Sie bildet eine schützende Hülle, in der das Kind sich geborgen fühlen kann.

Quintenstimmung bedeutet Einssein mit der kosmischen Welt, in der Himmel und Erde noch verbunden sind, bedeutet im Einklang sein mit einem Zentrum, dem Göttlichen.

Es ist ein Ton-Raum der optimalen Ausgewogenheit. Vom Zentralton a' sind alle Töne der Ober- und Unterquinte gleich weit entfernt. Es ist kein Oktav-, sondern ein Nonen-Raum, in dem sich alles im Gleichgewicht befindet.

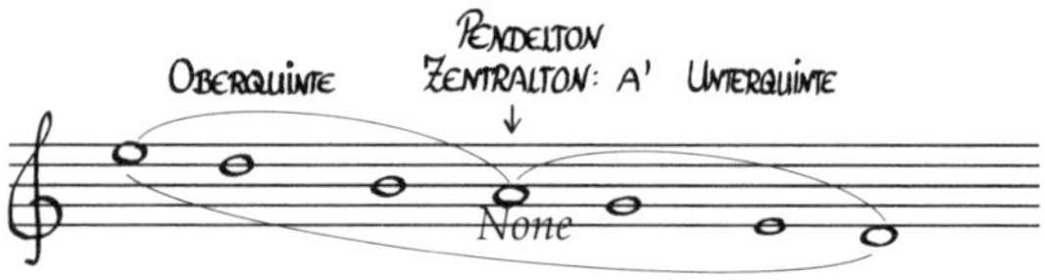

Pentatonische Quintenstimmung (Urform, altgriechisch) mit dem Zentralton a'

Die Diatonik hingegen bedeutet: zwei Zentren haben, ein Sich-Gegenüberstehen im Grundton und der Oktave. Es gibt Halbtöne, kleine und große Terz, durch die die Moll- und Dur-Stimmung entsteht mit ihrem weiblichen und männlichen Charakter. Wir haben das Phänomen der Polarität, der Zweiheit, die sich im Gegensatz zum «Einssein» mit der Welt befindet. Damit sollte in den Liedern für das erste Jahrsiebt noch nicht umgegangen werden. Das Auftreten der Terz, des Terzenpaares, ermöglicht dem Menschen, sich in seiner Innerlichkeit zu erleben, sich selbst zu erfassen in seinem Fühlen. Damit ist die Möglichkeit gegeben sich abzugrenzen. Das ist ein Fortschritt in seiner Entwicklung. Es ist leicht einzusehen, dass Schaden entstehen kann, wenn man Tendenzen der Abgrenzung an das Menschenkind heranträgt in einer Zeit, in der das Einssein mit der Welt notwendige Grundlage zu seiner gesunden Entwicklung ist.

In den Wiegen- und Ruheliedern wird diesem Bedürfnis des Kindes voll und ganz Rechnung getragen. Das ausschließliche Angebot von Quintenstimmungsmotiven und -melodien bewirkt nach vielfacher Erfahrung eine tiefgreifende Erholung und Heilung von den schädigenden Einflüssen, denen das Kind auf diesem Gebiet in seiner Umwelt ausgesetzt ist.

Der Tonraum der Quintenstimmung,

mit dem Pendel- oder Zentralton a‘ kommt in der Umspielung des Zentraltons

als Klanggebärde dem Wiegen gleich und bringt das Kind in einen träumenden, schwebenden Zustand. Das Heruntersinken in die Unterquinte,

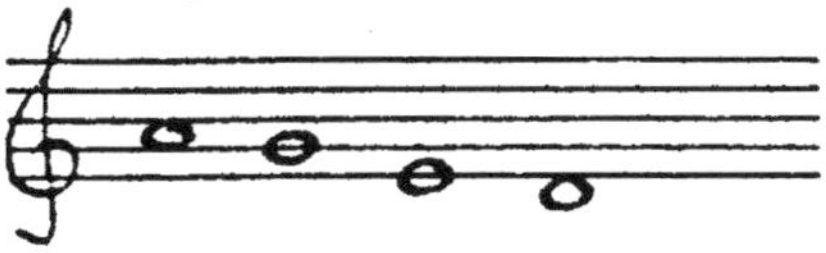

unterstützt das leibliche Ausatmen, lässt aber durch das Zurückkehren zum Pendelton a‘ nicht zu schwer werden, drückt nicht, lässt frei.
Das Erleben der Leichte, des Schwebens wird unterstützt, spielt man die aufwärtsführende Linie von

Um aber kein Entschweben auszulösen wird durch abschließendes Erklingen des Zentraltones a‘ oder durch die Sekundumspielung des Tones a‘:

oder

eine Gewichtung erzielt.

Quinten-Stimmung und ihre optimale Ausgewogenheit

(nach Julius Knierim)

Prinzip:
1. Gleichgewicht (Waage)
Hypomochleon – Drehpunkt

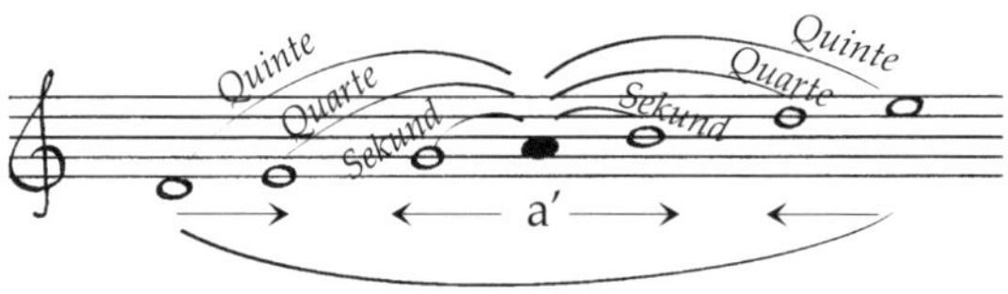

Zentralton ∞ Nonenraum
Pendelton

2. Gleichwertigkeit der Teile
(Kreuzungspunkte zentral)

Quinten aufwärts Quinten abwärts

3. Auslastung (Gewölbe)
zentraler Stützpunkt
Außen-Stützpunkte

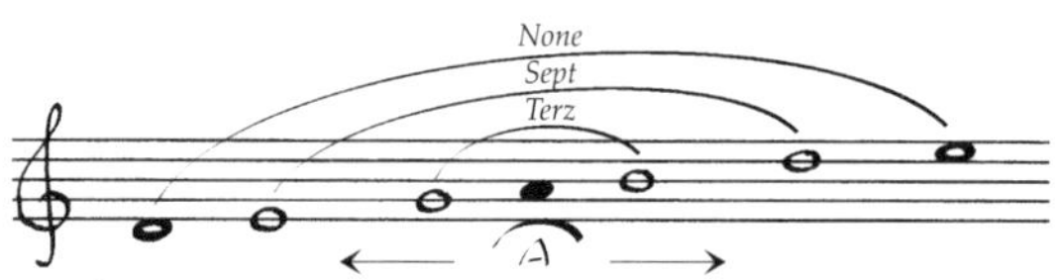

Tonräume

4. Ergänzung der Teile
(Durchgangspunkte)

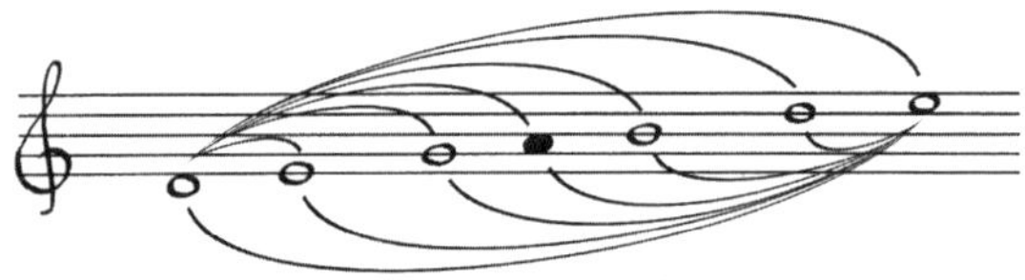

Intervalle (aufwärts)
Sek. – Quart – Quint –
Sext – Oktav – None

Intervalle (abwärts)
Sek. – Quart – Quint
Sext – Oktav – None

5. Ausgleich (Lemniskate)
Schnittpunkt

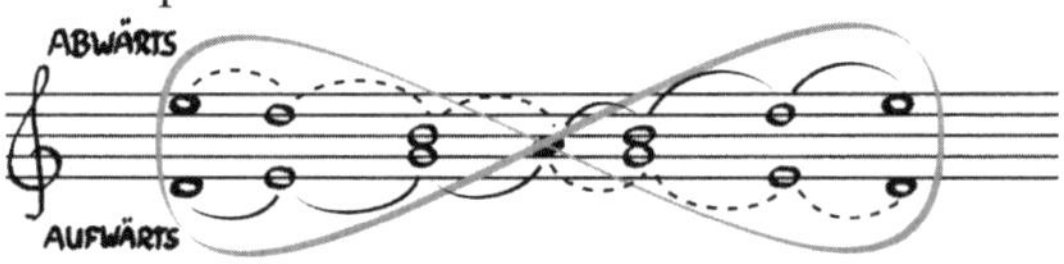

Zentralton (Pendelton)

Tonschritte auf- und abwärts:
Sek. – Terz – Sek. – Sek. – Terz – Sek.

Es gab und gibt in verschiedenen Kulturen pentatonische Leitern. Es handelt sich dabei immer um Tonfolgen ohne Halbtonschritte, jedoch haben alle diese Leitern nicht die Ausgewogenheit der Quintenstimmung.

Aus dem Griechischen sind folgende halbtonlose Leitern bekannt:

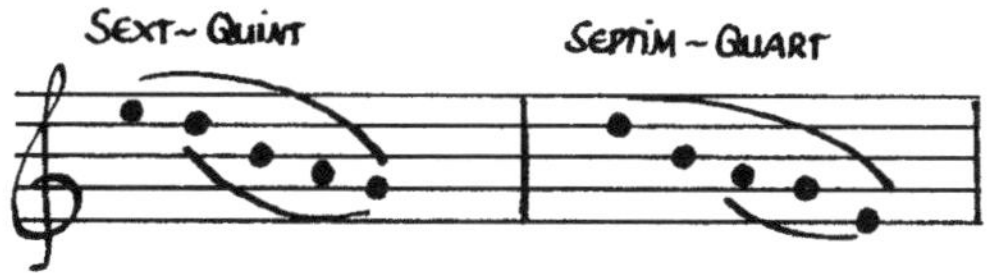

Diese beiden pentatonischen Leitern haben keinen Nonen-Quintraum.

Eine heute häufig verwendete Pentatonik für die C-Flöte ist

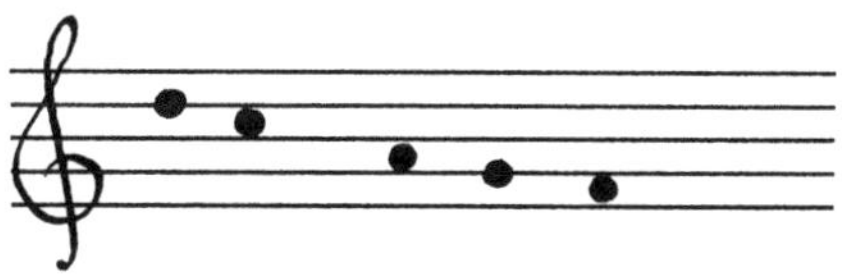

Zoltan Kodály verwendete folgende Tonleiter:

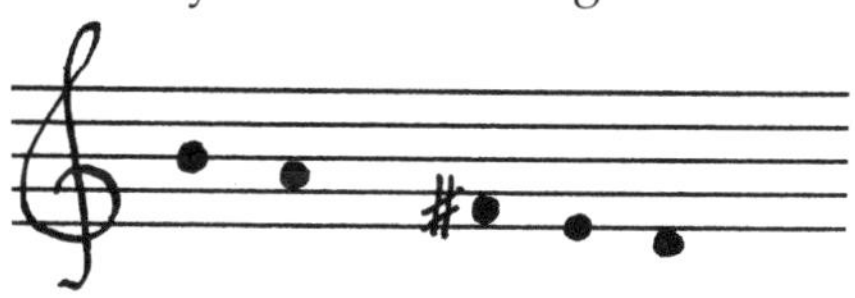

Carl Orff nimmt aus der diatonischen C-Dur-Tonleiter das F' heraus und bedient sich für sein Schulwerk dieser Tonleiter:

Die drei letzten Beispiele sind keine echte Pentatonik, nur halbtonlos. Es sind die Töne f, c und fis enthalten, die in der Quintenstimmung nicht vorhanden sind. Kein Zentralton!

Der Nonenraum mit der Quintenstimmung und dem Zentralton a' ist der Tonraum des kleinen Kindes (erstes Jahrsiebt).

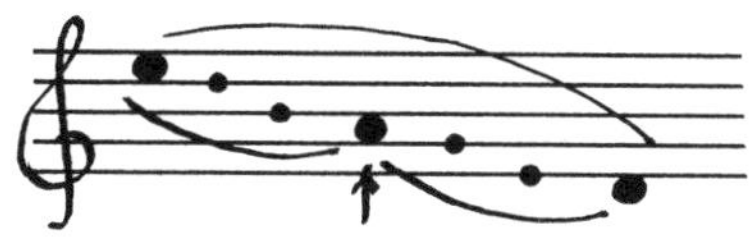

Die Töne der Quintenstimmung sind dem Quintenzirkel entnommen und in einem Oktav- bzw. Nonenraum zusammengedrängt.

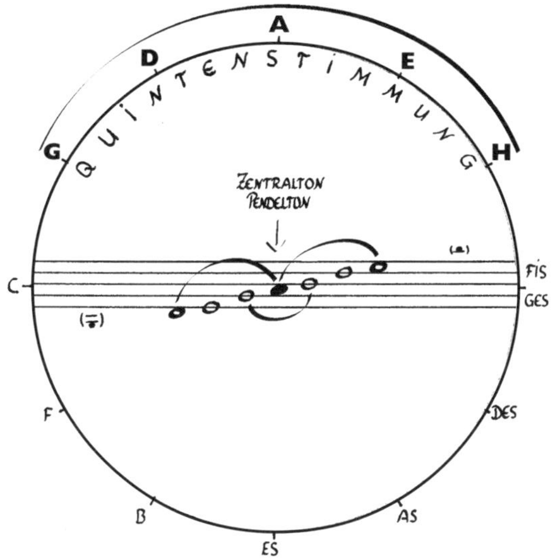

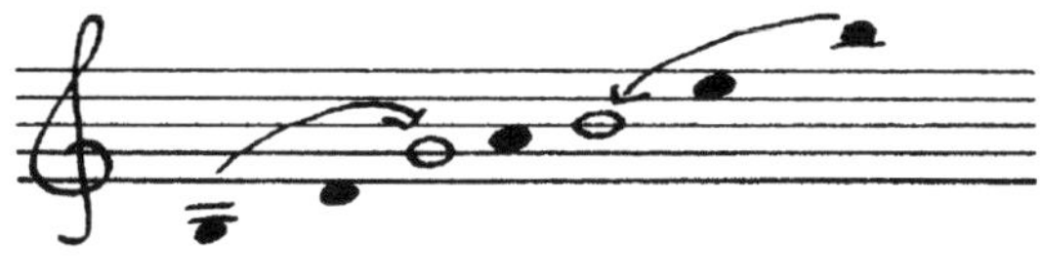

Durch die oktavierte Verdoppelung der Töne d und e kommt schließlich die gesamte Folge der Quintenstimmung zustande

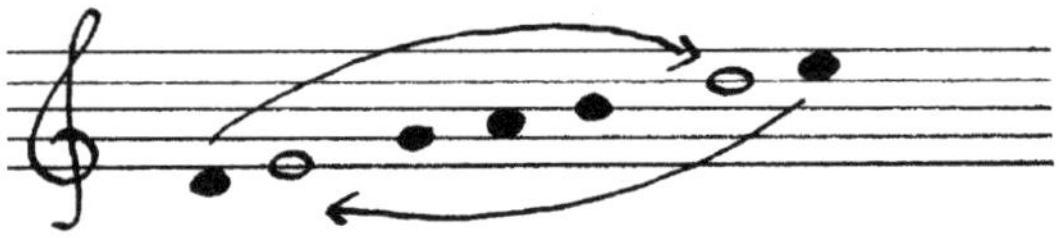

Der Ton a′ ist in der Quintenstimmung der Zentralton oder auch der Pendelton. Das a′ ist auch der Ton der Sonne (Sphärenklang), er ist nach Guido von Arrezzo der erste Ton des Alphabets. Jeder Säugling schreit seinen ersten Schrei auf dem Ton a′.
Das a′ mit ca. 435 – 440 Hz ist der Kammerton, der Ausgangston für die Stimmung der Instrumente.

Die Praxis des Singens

Zur Praxis des Singens ist zu erwähnen, dass der Erwachsene die melodischen Motive und die Wiegen- und Ruhelieder sehr behutsam an das Kind herantönen lassen sollte.
Er singt nicht mit voller Stimme und vermeidet ein Vibrato. Der Ton gleitet auf dem Atemstrom und umspielt das Kind, ergreift es nicht. Die Bewegung – das Wiegen – und das Singen des Textes müssen ganz in das pulsierende Strömen eingebettet sein (siehe dazu Ausführungen zur «Pulsation», Seite 15). Das Singen soll nicht beeindrucken, sondern eine Hülle bilden, in die das Kind sich einschmiegen kann. Dazu gehört auch, dass man jede Sentimentalität beiseite lässt, ebenso das Lenken der Aufmerksamkeit auf den Textinhalt. Das Klanggeschehen soll objektiv vermittelt werden, kosmische Ordnungen erfahrbar machend.

Tonangabe für das Singen

Wer sich nicht sicher ist, dass er den Ton a' frei aus dem Gehör anstimmen kann, nimmt eines der Choroi-Instrumente zu Hilfe: Intervallflöte, Pentatonflöte, Messingklangstab, Kinderharfe.
In aller Ruhe wird darauf der Ton a' den Kindern zugespielt, dann lässt man summend oder la-la-singend den Ton weiterklingen. Das Zusingen des Tones a' ist ein wichtiger Vorgang, er versetzt die Kinder in die Schwingung und bewirkt die zum Singen notwendige Grundhaltung.

Die Elementarinstrumente von Choroi

> Die Entwicklung des Menschen wird
> von der Umwelt optimal gefordert,
> die eine Mannigfaltigkeit wohldosierter
> Reize gewährleistet.
> Schwache Reize führen zur Entstehung
> von Organen,
> mittelstarke Reize kräftigen sie,
> überstarke Reize zerstören sie.
>
> *Hugo Kükelhaus*

Die Tonqualität der Choroi-Instrumente entspricht den konstitutionellen Gegebenheiten des Kindes im ersten Jahrsiebt und somit auch denen des behinderten oder kranken Kindes. Der obertonarme und resonanzschwache Klang attackiert die lockere Leibesorganisation nicht und dringt nicht zu stark in das Seelengefüge ein. Er bleibt im Außenraum und umweht das Kind wie ein Lufthauch, der es streichelt. Der Klang soll eine Hülle bilden, in die das Kind sich einschmiegen kann.
Jeder grelle und starke Klang oder Ton steht einer echten Ruhewirkung entgegen. In Spielsituationen oft beobachtet, kamen die Kinder nicht wirklich zur Ruhe, wurde zum Beispiel die obertonreiche, sehr kraftvoll klingende C-Flöte geblasen. Statt eines echten Loslassens und Ausatmens wurde das Ausruhen von den Kindern nur gespielt.
Aber auch alles ausdrucksstarke (im Fühlen), alles bedeutungsbetonte (Text) Singen und Musizieren verhindert eine tiefgehende Ruhe. Gefühls-Druck beunruhigt das kleine Kind innerlich (seelisch), in vielen Fällen weint es dann, manchmal fängt es an zu lachen. Tritt

der Sprachinhalt zu stark in den Vordergrund, bleibt es oder wird es wach. Das Kind schließt seine Augen nicht, seine Gliedmaßen kommen nicht zur Ruhe. Ja, manche Kinder zappeln sogar.

Wollen wir das Kind wirklich zur Ruhe führen, muss das ganze Tönen einen schwebenden Charakter haben, die Wiege-Bewegung ist darin eingebettet. Nur so kann eine für das Kind nicht bedrängende «Klangliebkosung» entstehen, in die es sich einschmiegen und zur Ruhe geführt werden kann.

Die Choroi-Flöten

Die Choroi-Flöten sind gut geeignet durch ihren diffusen, noch nicht direkt gezielten Ton und ihren resonanz- und obertonschwachen Klang! Der zarte, wie ein sanfter «Lufthauch» heranschwingende Ton kommt einer Liebkosung gleich für das Kind, er tut wohl und bedrängt nicht!

Eine gute Vorbereitung, sich den auf den Atem-Strom dahingleitenden Ton zu erüben, ist das Blasen auf der Choroi-Intervall-Flöte: d' – a'. Diese aus Birnbaumholz angefertigte Einloch-Flöte ist ohne besondere technische Schwierigkeiten zu spielen, da man für die Erzeugung der beiden Tonhöhen d' und a' nur die rechte Zeigefingerkuppe auflegen oder abheben muss. Man kann sich somit ganz auf das Blasen konzentrieren. (Diese Flöte kann auch schon von Kindern kurz vor Schuleintritt gespielt werden.)

Die Zungenspitzenaktivität beim Anblasen fällt weg, man haucht nur ein geflüstertes «Huuuh» in die Flöte, wobei der Atemstrom in verschiedener Dynamik gestaltet werden kann. Das Strömen des Atems darf durch das Auflegen der Fingerkuppe nicht unterbrochen werden.

Hat man sich die erwünschte Ton-Qualität erarbeitet, kann zum Beispiel für die «Ruhe-Quinte» (siehe Seite 38 f.), nachdem diese vorher schon gesungen oder gesummt worden ist, die Flöte behutsam geblasen, eingesetzt werden.

Der ruhige Wechsel von a' und d' hat den Charakter des Wiegens und das immer Leichter- und Leiserwerden des wiederholten Tones a', den des Schwebens; dadurch ist die Möglichkeit zur Beruhigung optimal gegeben.

Um wirkliches Ruhen zu erreichen, muss man beim Singen und Summen oder beim Blasen auf den Choroi-Flöten den Ton auf dem Atemstrom dahingleiten lassen, leicht und ohne Schwere, besonders am Ende einer Phrase sich nicht niederlassen, «draufsetzen», sondern in der Schwebe halten. Der gesungene oder geblasene Ton darf nicht belasten.

Wer das auf dem Atemstrom gleitende Spiel der Choroi-Flöte noch nicht beherrscht, sollte lieber singen und summen, bis er die gewünschte Tonqualität anbieten kann. Aber es ist erstrebenswert, auch die Flöte für die Kinder ertönen zu lassen. Wenn eine pentatonische Choroi-Flöte nicht vorhanden ist, kann zur Not eine pentatonische Bambusflöte eingesetzt werden, die ebenfalls strömend geblasen werden muss, indem man auf das übliche «düt-düt» mit der Zungenspitze beim Anblasen verzichtet.

Die Blockflöte in C attackiert das sensible konstitutionelle Gefüge des Kindes im frühkindlichen und vorschulischen Alter sowie das des behinderten und kranken Kindes zu stark; wenn überhaupt, darf man sie nur einsetzen, wenn die Tonqualität dadurch brauchbarer gemacht wird, dass man unterhalb des Luftlochs einen Filz-Streifen um die Flöte so her-

umlegt, dass das Loch etwas verkleinert wird. Die Lautstärke nimmt dadurch ab und der Ton wird diffuser.
Die F-Flöte ist durch Ton-Tiefe und Ton-Volumen ebenso wie eine Querflöte nicht zu empfehlen, die starken Schwingungen dringen zu tief in das Kind ein, ‹beeindrucken›, ‹bewegen› innerlich (seelisch) zu intensiv.

Die Choroi-Kinderharfe

Die Choroi-Kinderharfe hat einen ausgesprochen schwebenden Klangcharakter. Bedingt durch die Bauart ohne Resonanzkörper entsteht ein oberton- und resonanzschwacher Klang, eine Tonqualität also, die wie ein Lufthauch an das Kind herantönt. Die sieben Saiten der Kinderharfe sind auf die Töne der Quintenstimmung gestimmt. Die mittlere Saite ist der Zentralton a'. Gerade bei diesem Instrument wird die Ausgewogenheit der Quintenstimmung durch die Anordnung der Saiten noch einmal ganz deutlich (Abbildung rechts). Der schwebende Klang durchtönt den umgebenden Raum – schwingt wie ein Lufthauch heran, ohne sich niederzulassen, ohne einzudringen in die kindliche, noch locker gefügte Organisation. Er bedrängt nicht, umhüllt nur, ruft so die Bereitschaft hervor, sich in diese Klang-Hülle einzuschmiegen, in dem freilassenden, weiten Raum sich auszubreiten und unbelastet aufzuatmen.

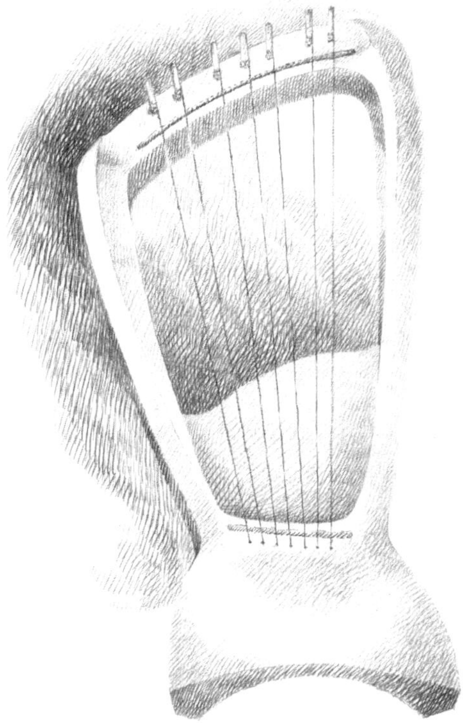

Die Spielweise:

Eine wichtige Rolle zur Erzeugung der angestrebten Klangqualität fällt der Spieltechnik zu. Die Harfe wird mit dem Harfenfuß auf den linken Oberschenkel aufgesetzt. Die linke Hand umfasst locker den zum Knie hinzeigenden Holzrahmen, so dass sich die Harfe am linken Unterarm anschmiegt. Mit der rechten Hand werden die Saiten bedient. Es ist auch möglich, die Harfe waagerecht auf den linken Unterarm zu legen; dabei muss man aufpassen, dass die Saiten frei schwingen können. Die Einzeltöne werden ohne zu reißen gezupft. Wenn man den Ton klingen lassen möchte, hebt man die Hand im Bogen von den Saiten ab und führt sie wieder zurück zum Instrument.

Bei den Arpeggien (siehe Notation oben), die eine nahtlose Aufeinanderfolge der Töne sind, fährt man mit den Fingerkuppen der rechten Hand leicht und locker über die Saiten zu sich hin. In beiden Fällen (zupfen und gleiten) dürfen die Fingernägel die Saiten nicht berühren. Ein besonders zarter Klang wird erreicht, wenn man nur mit einem Finger über die Saiten streicht, am zartesten mit dem kleinen Finger. Alle Finger und das Handgelenk sollen locker und durchlässig sein. Nach dem «Streicheln» über die Saiten wird die Hand abgehoben und in einem hohen Bogen über oben zum Ausgangspunkt zurückgeführt. Dem Klang wird so mehr Raum zum Ausklingen gewährt, er kann besser «davonschweben». Auch wird durch diese Geste wahrnehmbar, dass der Klang den umgebenden Raum erfüllt, sich in ihm ausbreitet.
(Ist man müde, kann man sich auch zurücklehnen oder hinlegen und die Harfe einfach waagerecht auf den Arm legen und darauf spielen.)
Man muss ausprobieren, welche Haltung der Verfassung entspricht, in der man sich befindet.(Da es bei dieser Art des Harfenspiels darum geht, sich oder andere zur Ruhe zu führen, sind Spielhaltungen erlaubt, die man beim regelrechten Musizieren nicht einnehmen würde.)
Von der Verwendung der Kantele und der Leier ist im frühkindlichen Alter abzuraten, der Klang beider Instrumente ist viel zu voluminös durch die starke Obertonigkeit und Resonanz. Tut man es trotzdem, so sollte man gezupfte Wolle unter die Saiten am unteren Ende des Instrumentes legen, um den Klang zu dämpfen. Besonders bei behinderten und kranken Menschen, (auch bei Sterbenden ist das unerlässlich).

Klanginstrumente aus Metall

Eine von den Kindern geliebte Variante ist auch das Mitklingen von Choroi-Messingklangröhren, Choroi-Aluminium-Glockenspielen oder dem kleinen Choroi-Triangel aus handgetriebenem Messing, 6mm stark, (Triangeln aus Silberstahl sind nicht geeignet!).
Ein Instrument von fast zauberhafter Wirkung sind Fingercymbeln.
Es ist allerdings darauf zu achten, Fingercymbeln aus handgedrückter Silberbronce der Marken «Sonor» oder «Studio 49 – Orff-Instrumentarium» zu nehmen, denn nur diese haben den wunderbaren Klang.
Bei allen Metall-Instrumenten gilt, dass man sie sparsam und hauchzart anschlägt, damit der Klang für das Kind nicht bedrängend wird.
Für die Messing-Klangröhren und das Aluminium-Glockenspiel wird am besten ein Klöppel mit kugelrundem Gummikopf verwendet. Noch schöner wird der Klang, wenn der Gummikopf des Klöppels mit Filz bezogen wird.
Manchmal, besonders im Einsatzbereich der Heilpädagogik ist es zusätzlich empfehlenswert zum Abdämpfen des Klanges in die Messingröhren etwas gezupfte Wolle hineinzustecken – man muss ausprobieren, wieviel davon verträglich ist, der Klang muss noch klar bleiben.
Zum Abdämpfen des Aluminium-Glockenspiels empfielt es sich, Filzplättchen auf die Rückseite der Klangplatten zu kleben. Auch hier muss man ausprobieren, wieviel Filz ge-

braucht wird. (Alle Produkte aus Silber-Stahl, wie die üblichen Triangeln und Glockenspiele etc., sind eine Belastung für die kindliche Organisation und sollten, wenn man sie verwendet, unbedingt entsprechend abgedämpft werden.)
Beide Instrumente, Klangröhren und Glockenspiel, werden mit dem Klöppel nur leicht angetippt. Nach dem zarten Anschlag den Klöppel sofort abfedern lassen und im großen Bogen über oben zurück zum neuen Anschlag führen. Ähnlich gehandhabt wird der Triangel: man tippt immer nur mit der obersten Spitze des Stabes den Triangel an. Beim behutsamen Anschlagen den Triangel leicht mitschwingen lassen, damit der Klang in den Raum hinein tönen kann. Für sehr rasch aufeinanderfolgende Anschläge (Tremolo) wird der Stab im oberen Triangeleck schnell hin- und herbewegt.
Um den glockenreinen Metallklang erleben zu lassen, sind die Finger-Cymbeln, besonders geeignet. Die Wirkung ist allerdings nur dann optimal, wenn diese entsprechend zart angeschlagen werden; dazu gehört einige Übung für den Spieler.
Es empfielt sich, die Cymbeln mit leicht ange-

hobenen Unterarmen nebeneinander etwa auf Brusthöhe vor sich zu halten. Nach leichtem Anheben der Cymbeln mit der Rechten auf die Linke von oben leicht auftippen, dann beide Cymbeln vor sich hoch nach oben führen (über Kopfhöhe) und diese dann im weiten Bogen über außen wieder herabführen zur Mitte. Die Bewegung ist leicht und luftig und soll so eingeteilt werden, dass der Cymbelklang sich voll ausbreiten kann und mit dem Ende der Bewegung verklungen ist. Auf keinen Fall neu antippen, bevor der Klang ausgeklungen ist.

Allgemeine Hinweise zur Notation

Die Noten sind keine auf messbare Werte festgelegte Notation. Sie sind als Erinnerungshilfe für den Melodieverlauf gedacht. Man singt frei, dem Sprach- und Bewegungsablauf folgend, ohne feste Bindung an Notenlängen und -kürzen oder Taktordnungen. Das Sprachgeschehen bestimmt den rhythmischen und dynamischen Verlauf.

• = ein Grundschlag, das ist die sich am Herzschlag orientierende Pulsation im strömenden, schwingenden musikalischen Geschehen, ohne Takteinteilung durch Betonung und feste Bindung an exakte Normwerte. Man singt der Sprache folgend. Dabei eine ruhige Schwingung einhalten, die sich am Schluss verlangsamen kann. Auch beim Spielen der Instrumente lässt man die Melodien frei schwingen. Betonungen werden dort gemacht, wo sich Melodien vom Text her erklären.

Das Tempo der Lieder, gesungen oder auf einem Instrument gespielt, wird nicht allein vom Liedcharakter bestimmt, sondern es hängt auch von der Situation ab, in der gesungen oder gespielt wird. Ging es lebhaft zu, wird man das aufgreifen und das Lied etwas schneller vornehmen, um es dann allmählich in die Ruhe zu führen. War es eine ruhige Situation, kann man langsamer beginnen. Auch gibt es bei unruhigen und nervösen Kindern die Notwendigkeit, ein schnelleres Grundtempo zu nehmen als bei den Ruhigen.

Eltern und Erzieher müssen ein feines Gespür dafür entwickeln, auf die jeweils gegebene Situation oder Veranlagung entsprechend einzugehen. – Das heißt: üben – üben – üben!

Beim Umgang mit dem Kind im ersten Jahrsiebt ist es auch bei der Vermittlung von Wiegen- und Ruheliedern das Gleiche wie im übrigen Leben: Eltern und Erzieher müssen vor allem an sich selbst arbeiten, um das zu «sein», was sie den Kindern schenken wollen, dann kann das Kind nachahmen – mitatmen, was es zur Ruhe führt.

Es gilt, sich der Verantwortung bewusst zu werden, die man hat, und sie sollte freudig übernommen werden. Es lohnt sich, die Anstrengung zu unternehmen, entsprechende Fähigkeiten und Fertigkeiten zu erwerben, um die Kinder, wie der Volksmund in der Schweiz sagt, zu «Gut-Gewiegten» werden zu lassen.

WIEGENLIEDER
FÜR KINDER

Das Wiege-Su-su fürs Kindlein

Notation: ⊘ ≈ eine langsame Pulsation (Grundschlag) / • • ≈ ⊘ auf eine langsame Pulsation zwei Noten im mittleren Tempo / O ≈ ⊘⊘ / OO ≈ ⊘⊘⊘⊘ / ~ ≈ länger klingen lassen / ˜˜˜˜ ≈ verklingen lassen, zugleich langsamer und leiser werden / ⌒ ≈ Atembogen / ↖ ↗ ≈ wiegen

* Statt «ich» kann der Name des jeweils «Wiegenden» genannt werden. Zum Beispiel: «und die Mutter singt dazu».

Kommt ein sanfter Abendwind

Sanft einlullend (alla breve) Text und Melodie: Wilma Ellersiek

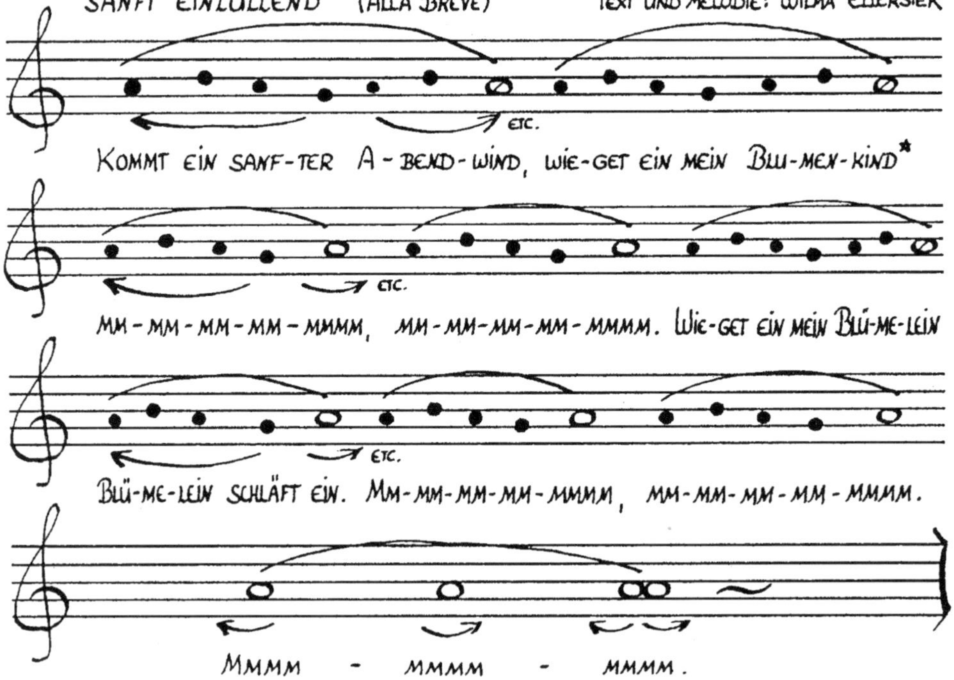

* Statt „Blumenkind" kann „mein liebes Kind" gesungen werden, oder verschiedene Tiere genannt werden: „Käferkind, Mäusekind" etc.

Notation: ∅ ≈ eine langsame Pulsation (Grundschlag) / • • ≈ ∅ auf eine langsame Pulsation zwei Noten im mittleren Tempo / O ≈ ∅∅ / ∅∅ ≈ ∅∅∅∅ / ∼ ≈ länger klingen lassen / ﹏ ≈ verklingen lassen, zugleich langsamer und leiser werden / ⌒ ≈ Atembogen / ↶ ↷ ≈ wiegen

Lässt sich wiegen, wiegen

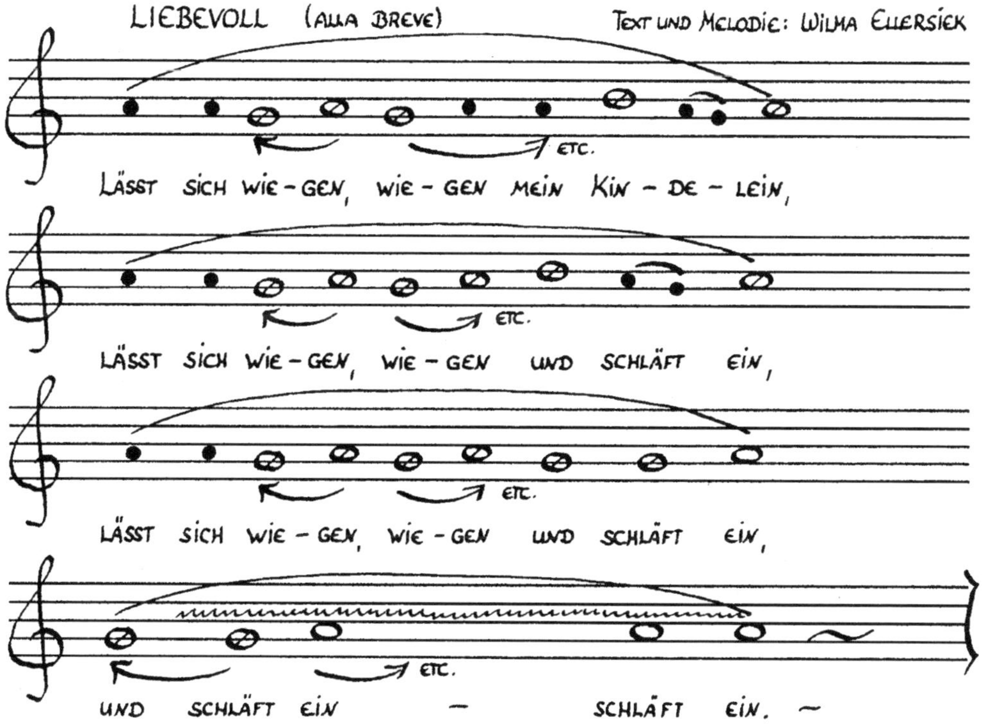

Notation: ⊘ ≈ eine langsame Pulsation (Grundschlag) / ● ● ≈ ⊘ auf eine langsame Pulsation zwei Noten im mittleren Tempo / ○ ≈ ⊘⊘ / ⌒ ≈ binden / ~ ≈ länger klingen lassen / ﹏ ≈ verklingen lassen, zugleich langsamer und leiser werden ⁀ ≈ Atembogen / ↶ ↷ ≈ wiegen

Dieses Lied ist gut geeignet für Ruhe-Phasen in Spielabläufen oder für Handgesten-Spiel-Abschlüsse. Der Text wird dann entsprechend geändert.
In Mutter-Kind-Gruppen ist der Schoß der Mutter das Nest für den Vogel, der Blütenkelch für den Käfer, das Seerosenblatt für den Frosch.

Der Wind weht durch die Bäume

(Für das Kind in der Wiege oder auf dem Schoss)

verträumt wiegend (alla breve) Text und Melodie: Wilma Ellersiek

1. Der Wind weht durch die Bäu - me,
bringt vie - le schö - - ne Träu - me: Su - u, su - u, su - u, su – !

Da freut sich je - der Baum,
wiegt lei - se sich im Traum: Su - u, su - u, su - u, su – !

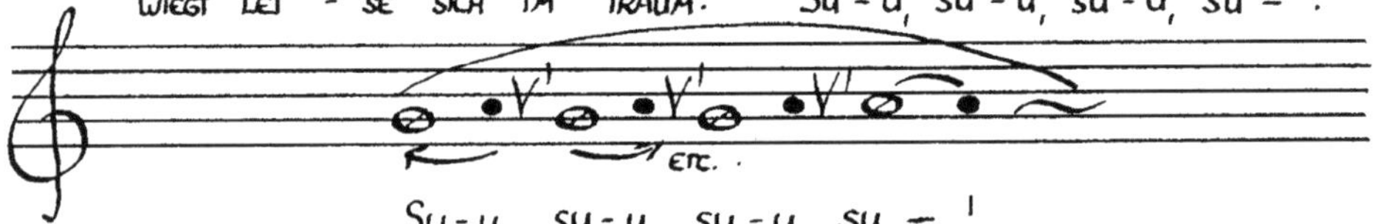

Su - u, su - u, su - u, su – !

2. Ach bitte, lieber Wind
komm auch zu meinem Kind:
Su-u, su-u, su-u, su –!
Wie jedem kleinen Baum
schenk ihm auch einen Traum:
Su-u, su-u, su-u, su –,
su-u, su-u, su-u, su –!

3. Der Wind, der kommt geschwind
und wiegt mein liebes Kind
Su-u, su-u, su-u, su –!
Er weht so zart und fein
mein Kindelein schläft* ein
Su-u, su-u, su-u, su –
su-u, su-u, su-u, su –!

* oder: „schlaf"

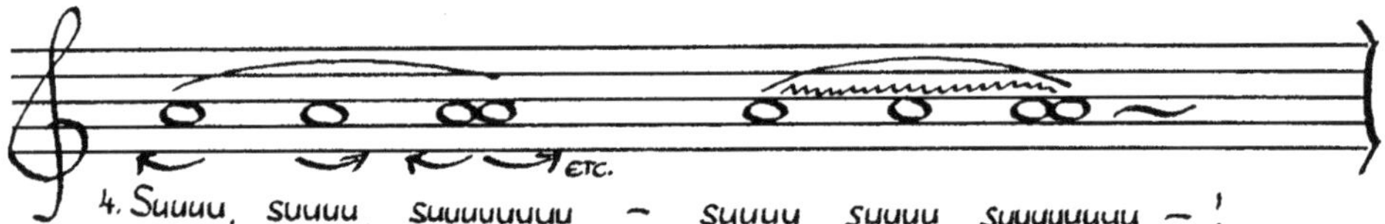

4. Suuuu, suuuu, suuuuuuuu – suuuu, suuuu, suuuuuuuu –!

Notation: 𝅗𝅥 ≈ eine langsame Pulsation (Grundschlag) / ● ● ≈ 𝅗𝅥 auf eine langsame Pulsation zwei Noten im mittleren Tempo / 𝅗𝅥⌒● ≈ ●●● / ○ ≈ ○○ / ○○ ≈ ○○○○ / √ ≈ ● Pause / (: :) ≈ wiederholen / ∼ ≈ länger klingen lassen / ﹏ ≈ verklingen lassen, zugleich langsamer und leiser werden / ⌒ ≈ Atembogen / ↖ ↗ ≈ wiegen

A Man sitzt an der Wiege des Kindes, wiegt sanft und singt leise. Bei der letzten Strophe kann man das «su, su» wiederholen und es immer leiser singen, zuletzt nur noch stumm wiegen, oder man hört bei «Mein Kindelein schläft ein» mit dem Wiegen auf, deckt es nochmals zu und streichelt es bei «su-u, su-u» etc.

B Man hält das Kind in seinen Armen auf dem Schoß und wiegt es leicht hin und her. Wie bei A immer leiser werden und nur noch stumm wiegen, dann das Kind ins Bett legen, falls es noch nicht schläft noch leise das «su-su» singen und es dabei streicheln. Man kann es aber auch schon bei «Mein Kindelein ...» ins Bett legen, zudecken und streicheln. Man muss abspüren, was das Richtige ist für das Kind.

Übertragung auf Pentaton-Choroi-Flöte siehe *Ruhe-Pendel*, Seite 34.

Ruhe-Pendel

(Für die pentatonische Choroi-Flöte)

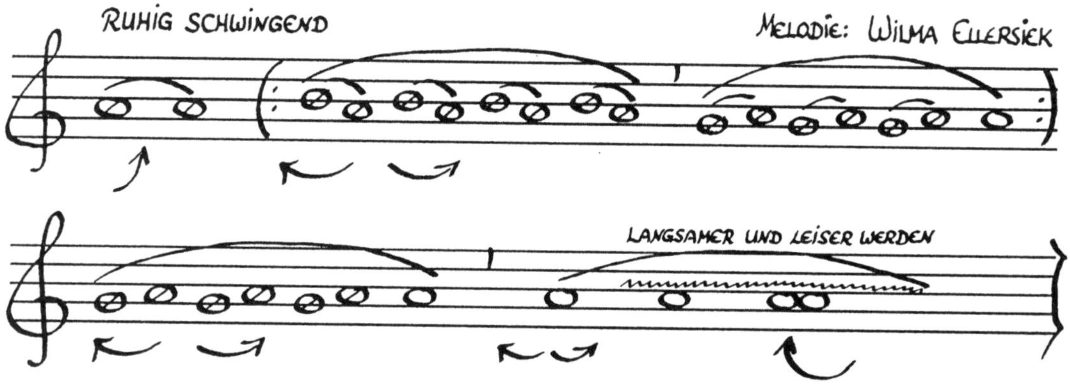

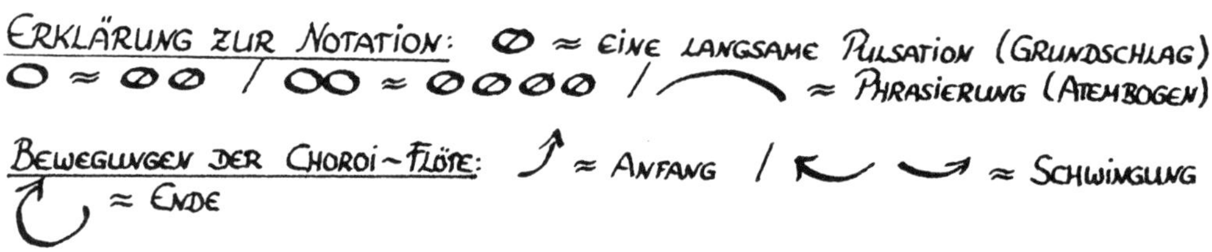

Der Ruhe-Pendel nimmt die Melodie des Liedes: «Der Wind weht durch die Bäume» auf. Erst wenn das Lied mit Text mehrmals gesungen wurde, die Flöte einsetzen.
Der durch den Text gegebene Rhythmus fällt weg. Man bläst oder summt nur die gleichmäßigen Schwingungen, Pendel.
Die erste Note eines Pendels wird etwas stärker angeblasen, auf einen Atembogen sollen nach Möglichkeit vier Pendelschwingungen. Der Spieler schwingt dabei die pentatonische Flöte leicht hin und her. Die Bewegung ist leicht und luftig, wie der geblasene Ton. Am Schluss wird die Flöte im Bogen über unten nach oben geführt, so dass der Ton in die Höhe entschweben kann.
Dieser Ruhe-Pendel ist besonders für Mutter-Kind-Gruppen geeignet, zu Ruhephasen oder zum Spielabschluss. Die Kinder können sich in den Schoß der Mutter setzen oder legen und werden zart gewiegt.

Ruschel – Raschel – Ruschel

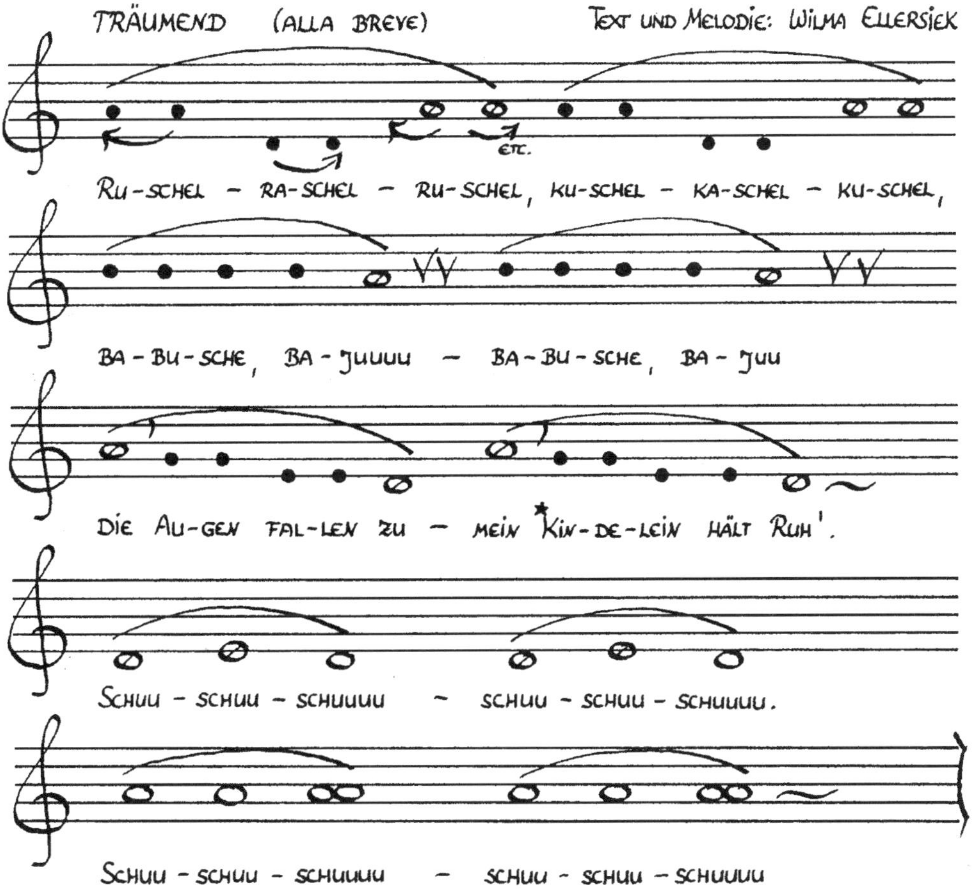

*Für „Kindelein" kann man einen anderen Namen nennen, der der gegebenen Situation entspricht.

Notation: ⊘ ≈ eine langsame Pulsation (Grundschlag) / • • ≈ ⊘ auf eine langsame Pulsation zwei Noten im mittleren Tempo / O ≈ ⊘⊘ / OO ≈ ⊘⊘⊘⊘ / VV ≈ ⊘ Pause / ~ ≈ länger klingen lassen / ⁀ ≈ Atembogen
↶ ↷ ≈ wiegen

Nach mehrfachem Singen des Textes und Summen der Melodie, kann für das Kind die Pendel-Melodie mit Klanginstrumenten ertönen. Dieser Pendel-Melodie liegt das Ruschel-raschel-ruschel-Lied zugrunde.

VATER WIEGT DAS KINDLEIN

ZART UND BEHUTSAM (ALLA BREVE) TEXT UND MELODIE: WILMA ELLERSIEK

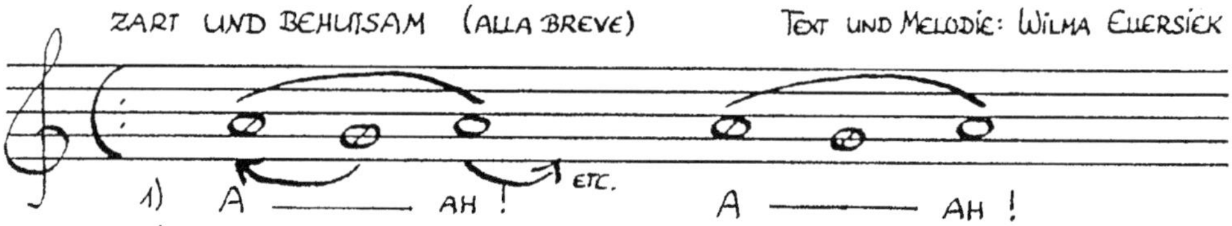

1) A ——— AH ! A ——— AH !
2) A ——— AH ! A ——— AH !
3) A ——— AH ! A ——— AH !
4) A ——— AH ! A ——— AH !
5) A ——— AH ! A ——— AH !

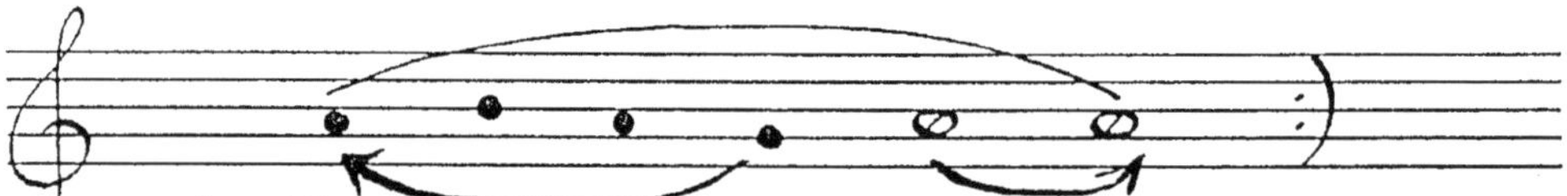

1) WIND, DER WIEGT DAS BÄUM - LEIN,
BÄUM - LEIN WIEGT DAS VÖG - LEIN,

2) BACH, DER WIEGT DAS SCHIFF - LEIN,
UND WER WIEGT DAS KIND - LEIN ?

3) VA - TER WIEGT DAS KIND - LEIN,
WIE DER BACH DAS SCHIFF - LEIN,

4) WIE DER BAUM DAS VÖG - LEIN,
WIE DER WIND DAS BÄUM - LEIN.

5) SO WIEGT ER SEIN KIND - LEIN,
SO WIEGT ER ES EIN ——— .

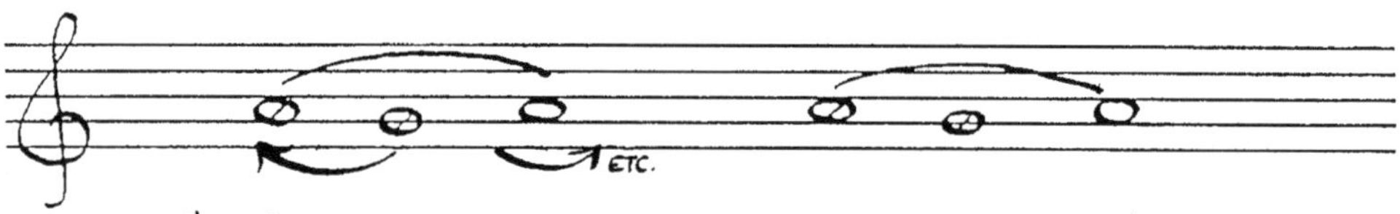

6) A ——— AH ! A ——— AH !

6) A ——— AH A ——— AH !

Notation: ⌀ ≈ eine langsame Pulsation (Grundschlag) / • • ≈ ⌀ auf eine langsame Pulsation zwei Noten im mittleren Tempo / ○ ≈ ⌀⌀ / ○○ ≈ ⌀⌀⌀⌀ / (: :) ≈ wiederholen / ~ ≈ länger klingen lassen / ~~~~ ≈ verklingen lassen, zugleich langsamer und leiser werden / ⌒ ≈ Atembogen / ↖ ↗ ≈ wiegen

---

Wiegewind wiegt mein Kind

Behutsam schwingend (alla breve) — Text und Melodie: Wilma Ellersiek

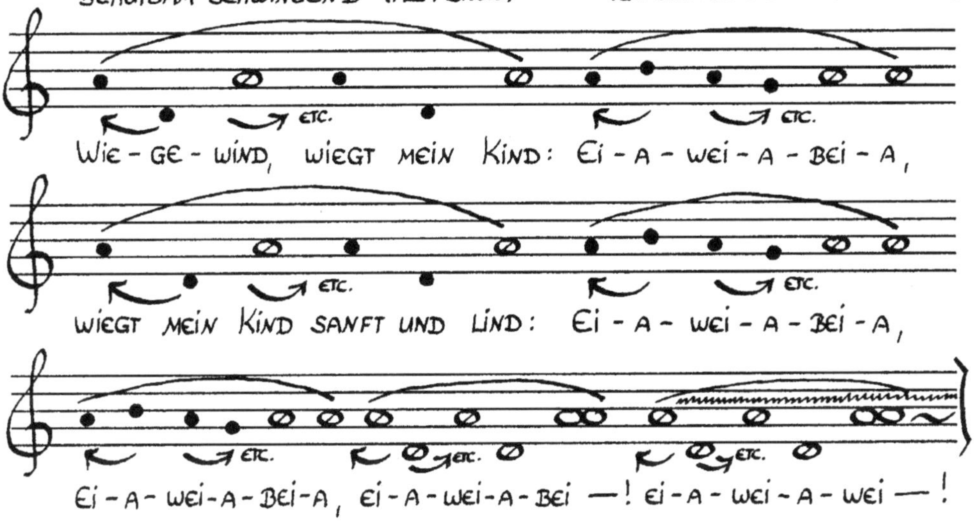

Notation: ⌀ ≈ eine langsame Pulsation (Grundschlag) / • • ≈ ⌀ auf eine langsame Pulsation zwei Noten im mittleren Tempo / ○○ ≈ ⌀⌀⌀⌀ / ~ ≈ länger klingen lassen / ~~~~ ≈ verklingen lassen, zugleich langsamer und leiser werden / ⌒ ≈ Atembogen / ↖ ↗ ≈ wiegen

Ruhe ~ Quinte

(auch für Choroi-Intervall-Flöte a'-d')

Strömend (alla breve) — Text und Melodie: Wilma Ellersiek

Beim Blasen und Summen werden alle kurzen Noten übergebunden: • • ≈ Ø. Man bläst nicht jede Note gesondert an, sondern fügt nur geringe Verstärkungen in den Atemstrom ein.

Notation: Ø ≈ eine langsame Pulsation (Grundschlag) / • • ≈ Ø auf eine lansame Pulsation zwei Noten im mittleren Tempo / Ø • ≈ • • • / O ≈ Ø Ø / ~ ≈ länger klingen lassen / ~~~ ≈ verklingen lassen, zugleich langsamer und leiser werden ⌒ ≈ Atembogen / ↶ ↷ ≈ wiegen

Eine von den Kindern geliebte Variante ist das Mitklingen der Klangröhren oder des Glockenspiels jeweils mit den Tönen a' und d'. Auch das Mitklingen der Cymbeln oder des Triangels gefällt den Kindern sehr. Im folgenden Notentext stehen die Abkürzungen für:
Klangröhren = KL. R., Glockenspiel = GL.SP, Triangel = TR., Cymbel = Cy.
(Spielanleitung der Flöte und der Metallinstrumente siehe Seite 21 bis 25)

Ruhe – Quinte

Strömend (alla breve) Text und Melodie: Wilma Ellersiek

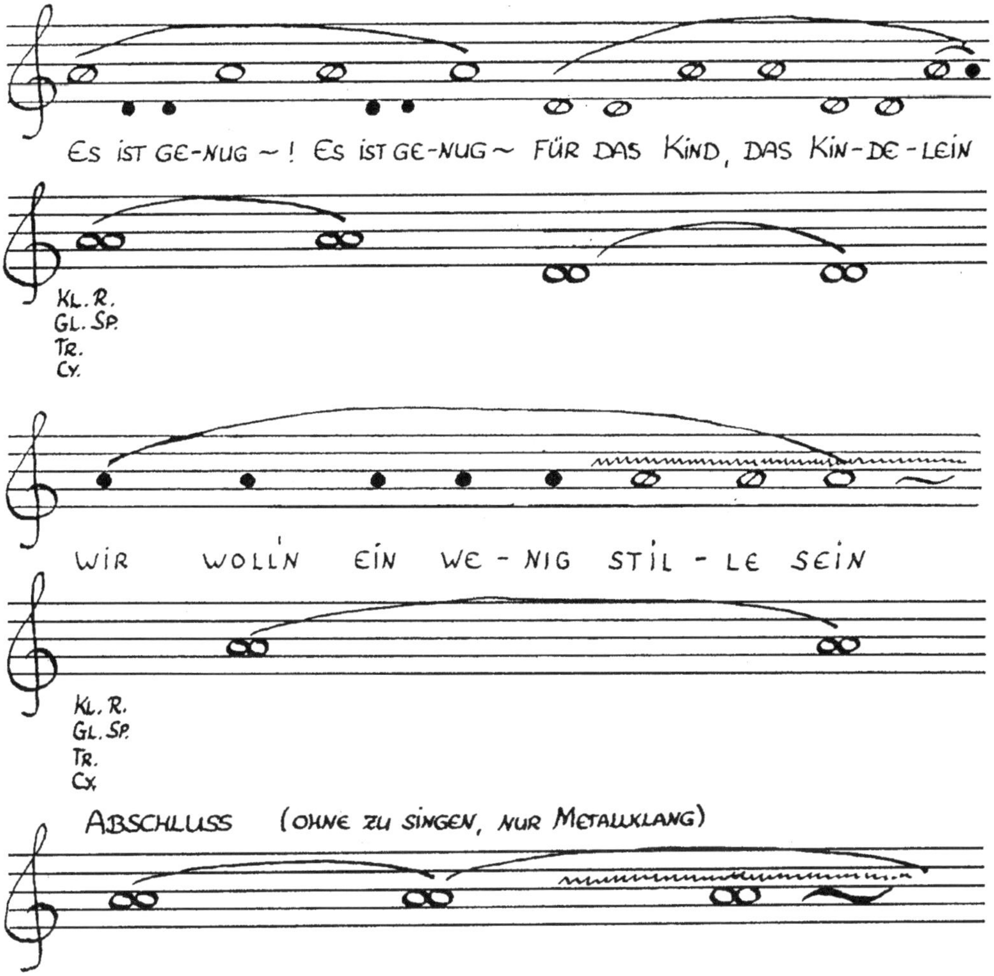

Weh'-weh'-Wiegewind (Fassung I)

Ruhig schwingend (alla breve) Text und Melodie: Wilma Ellersiek

Notation: ⌀ ≈ eine langsame Pulsation (Grundschlag) / ● ● ≈ ⌀ auf eine langsame Pulsation zwei Noten im mittleren Tempo / O ≈ ⌀ ⌀ / ⌒ ≈ binden / ~ ≈ länger klingen lassen / ⌒ ≈ Atembogen / ↖ ↗ ≈ wiegen

Weh'-weh'-Wiegewind (Fassung II)

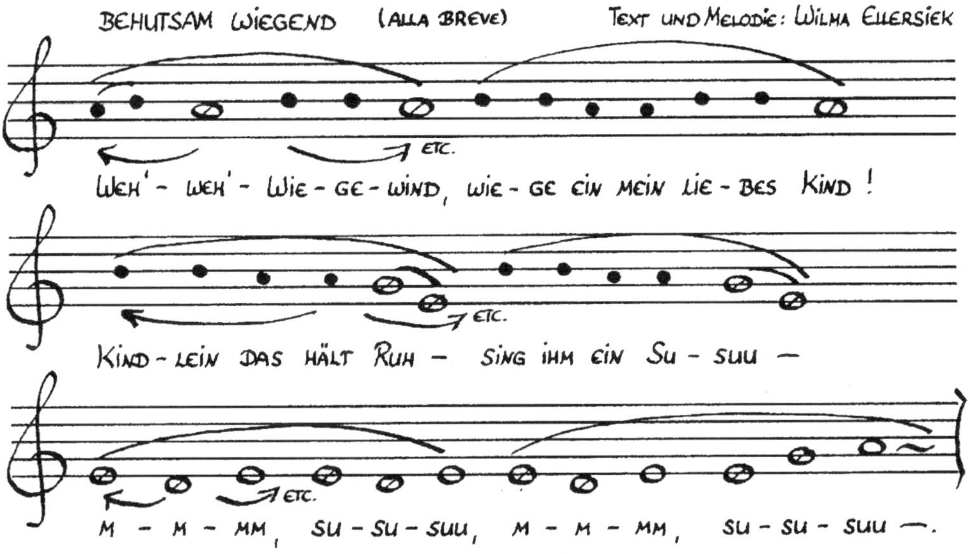

Notation: ⊘ ≈ eine langsame Pulsation (Grundschlag) / ● ● ≈ ⊘ auf eine langsame Pulsation zwei Noten im mittleren Tempo / O ≈ ⊘⊘ / ⌒ ≈ binden / ~ ≈ länger klingen lassen / ⌒ ≈ Atembogen / ↖ ↗ ≈ wiegen

Es können auch andere Wesen eingewiegt werden, dann ändert man den Text entsprechend, z. B.:
Wiege ein mein
Vogel-Kind, Vöglein, das hält Ruh' … etc.
Blumen-Kind, Blümlein …
Hasen-Kind, Häschen …

Es kann auch ein Spielzeug zur Ruhe gelegt, «eingewiegt» werden, der Erwachsene muss abspüren, was die Situation verlangt.
Das Zur-Ruhe-Wiegen ist nicht an das zu Bett gehen gebunden, auch nach dem Spiel oder einem Spaziergang kann man das Kind auf dem Schoß wiegen. Eine besonders beruhigende Wirkung wird erzielt, wenn man während des Singens die Hand auf Kopf oder Körper des Kindes legt. Man muss abspüren, was das Kind mag.
Das Singen behutsam an das Kind herantönen lassen, damit es von dem Kind wie eine Liebkosung, wie ein behutsames Streicheln erfahren werden kann. Man kann die Melodie auch summen.

Ruhe-Dideldu

Ruhig strömend

Text und Melodie: Wilma Ellersiek

(*M = summen, entsprechend den vier Atembögen)

Notation: ● ≈ eine Pulsation (Grundschlag) / ●● ≈ ⊘ / ●●●● ≈ ○
(: :) ≈ wiederholen / ⌒ ≈ Atembogen / ↖↗ ≈ Wiegen / ~ ≈ ausklingen lassen

Ruhe-Dideldu (Für die pentatonische Choroi-Flöte)

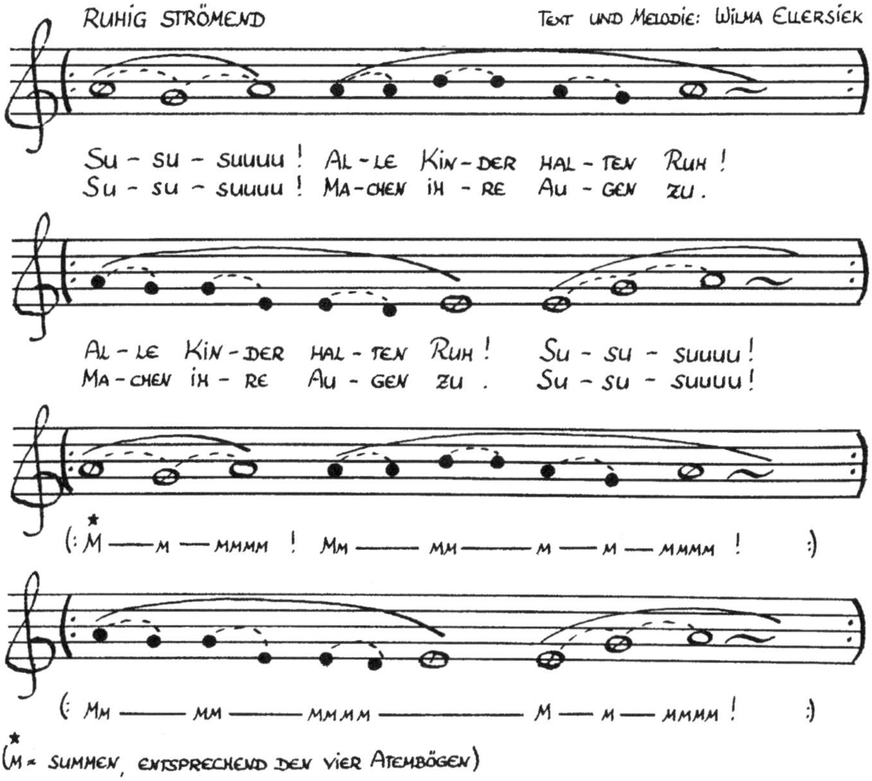

Das Ruhe-Dideldu begleitet das ganze Jahr hindurch viele Ruhe-Phasen. Es ist eine Urgebärde für das Ausatmen. Wichtig ist, dass der Ton, egal ob gesungen, gesummt oder geflötet, auf dem Atemstrom dahingleitet, leicht und ohne Schwere. Besonders am Phrasenende muss der Ton in der Schwebe bleiben, damit er nicht belastet.
Das Tempo dieses Liedes wird durch das vorangegangene Geschehen bestimmt. Nach einem lebhaften Spiel wird schneller gesungen als nach einer ruhigen Spielsituation. Man muss sich feinfühlig anpassen. Hat man das Lied etwas lebhafter begonnen, wird im Laufe des Singens das Tempo verlangsamt.
Spielt man das Ruhe-Dideldu auf der pentatonischen Choroi-Flöte, werden alle kurzen Noten übergebunden (gepünktelte Bindung). Man bläst nicht jede Note gesondert an, sondern fügt nur geringe Verstärkungen in den Atemstrom ein.
Auf der Melodie des Ruhe-Dideldu basiert der Ruhe-Dideldu-Pendel. Wenn das Lied mehrfach gesungen und gesummt wurde kann der Ruhe-Dideldu-Pendel als «klingender Atem» von der pentatonischen Choroi-Flöte an das Kind tönen, um es zur Ruhe zu führen.

Bei Monden und bei Sternenschein

Ruhig erzählend

Text und Melodie: Wilma Ellersiek

NOTATION: ● ≈ EINE PULSATION (GRUNDSCHLAG) / ⊘ ≈ ● ● / ⊘̑ ● ≈ ● ● ● / ○ ≈ ● ● ● ● / ~ ≈ LÄNGER HALTEN / (: :) ≈ WIEDERHOLEN / V ≈ ZÄSUR / ~~~~ ≈ VERKLINGEN LASSEN, ZUGLEICH LANGSAMER UND LEISER WERDEN / ⌒ ≈ ATEMBOGEN

Dieses Lied ist gut geeignet für das ganz kleine Kind, wenn man es auf dem Arm trägt und es den Mond entdeckt hat und danach auch die Sterne.
Man kann zunächst nur Strophe 1 vom Mond singen und gleich danach Strophe 3: «Er hält dort in der …» etc.; Änderung bei Strophe 4: «Im wunderschönen Mondenschein leg ich …» etc. Später Strophe 2 hinzufügen. Das Lied kann auch ohne Strophe 4 gesungen werden. Der Erzieher muss sich der Situation anpassen und je nach dem eine Auswahl treffen. Natürlich lassen sich auch etwas ältere Kinder noch gerne auf dem Arm so ansingen und ins Bett bringen.

Schum-schum-schei

Sanft wiegend (alla breve) Text und Melodie: Wilma Ellersiek

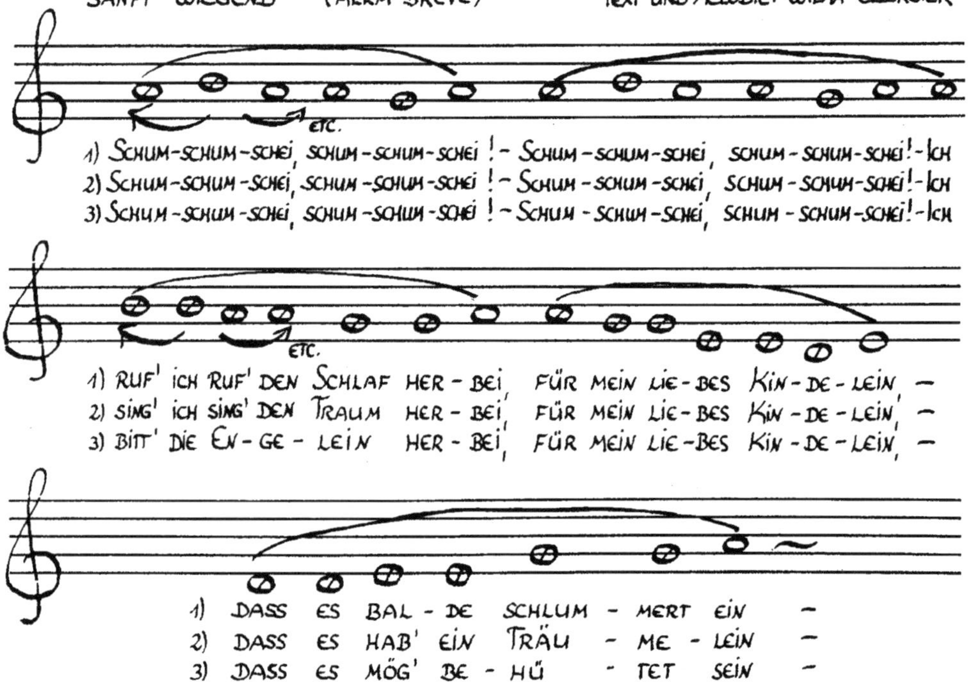

Ausklang:

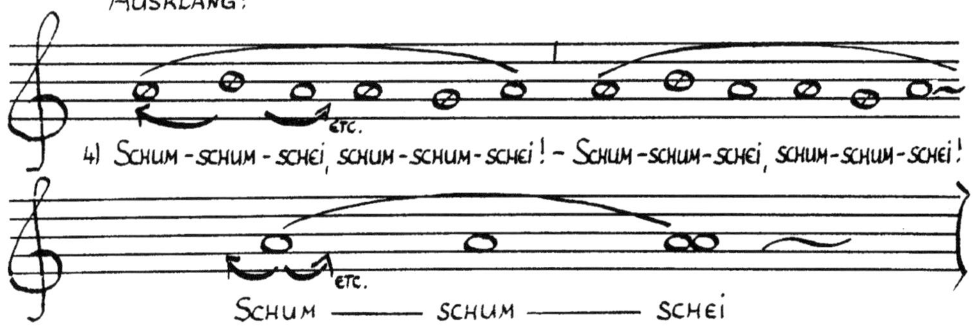

Man wiegt das Kind auf dem Schoß oder in der Wiege oder singt am Bett sitzend.
Die musikalische Erzählung mit Handgesten ist besonders zur Schlafvorbereitung, also zur Ruhe führend, geeignet.

Spielhinweise zu den Handgesten für Schum – schum – schei

Erste Strophe:

1 Schum – schum – schei –
Schum – schum – schei –
Schum – schum – etc.

1 Mit den Händen die Unterarme leicht umfassen und im Wiegerhythmus (siehe Noten) behutsam hin- und herwiegen, wie angegeben. Im Oberkörper leicht mitschwingen.

2 ich ruf, ich ruf den Schlaf herbei

2 Mit beiden Händen von vorn zu sich her winken bei —. Langsame, ruhige Bewegung.

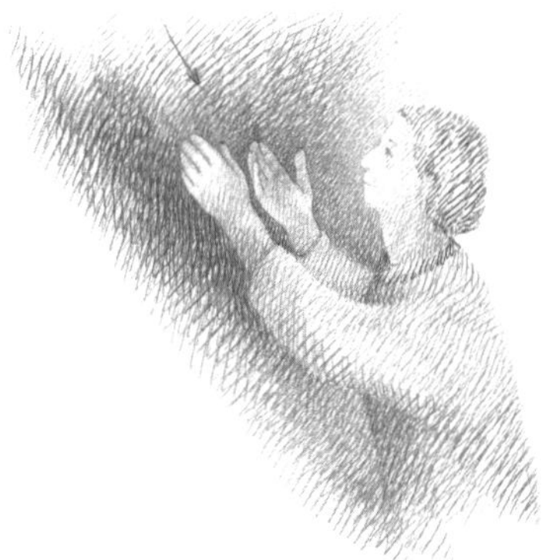

für mein liebes Kindelein,

3 dass es balde schlummert ein

3 Hände zusammengelegt an die linke Wange, den Kopf auf die Hände legen. Symbolgeste für Schlafen.

Zweite Strophe:

4 Schum – schum – schei – etc.

4 Wie bei 1. (siehe oben) wiegen.

5 Ich sing, ich sing
den Traum herbei

5 Bei: «ich sing, ich sing» die Hände nach oben führen, bis diese sich gegenüberstehen, (Handfläche zueinander). Bei: «den Traum herbei» die Hände zurückbiegen, es entsteht eine große Schale.

6 für mein liebes Kindelein,

6 «für mein liebes Kindelein»: mit den Händen von oben 2x leicht zum Kopf herunterwinken (kleine Bewegung im Handgelenk).

7 dass es hab' ein Träumelein

7 Beide Hände rechts und links an die Wangen, Daumen berühren die Ohren. Augenlider senken, nicht schließen. Ein Weilchen in dieser Haltung bleiben.

Dritte Strophe:

8 Schum – schum – schei – etc.

8 Wie bei 1. und 4. (siehe oben)

9 Ich bitt' die Engelein herbei

9 Hände heben und leicht zusammenlegen (beten)

a) Hände auseinandernehmen, nach links und rechts außen führen, dabei die Handinnenfläche nach vorn drehen.

b) Hände und Arme bilden zwei «Flügel». Einen kurzen Augenblick so halten, (Kopfhöhe)

10 Für mein liebes Kindelein
← →

10 Die Arme langsam vor und zurückführen, leichter Flügelschlag.

11 dass es mög behütet sein

11 Hände langsam herunterführen, bis zur Körpermitte und wie in einer behütenden, segnenden Gebärde ein Weilchen so halten. (Handinnenflächen nach unten.)

Ausklang:

12 Schum – schum – schei – etc.

12 wie bei 1, 4 und 7 (siehe oben)

13 Schum – schum – schei

13 Die mit den Händen umfassten Arme leicht an den Körper anlegen und bei dem gedehnten: «schum – schum – schei» eine leichte, kaum wahrnehmbare Vor-Rück-Bewegung machen. Ausklingen lassen.

Zäsur ——————

14 Dem Kind fallen die Augen zu,
im Arm der Mutter hält es Ruh'!

14 Das in den Armen liegende imaginäre Kind anschauen, leise und liebevoll sprechen.

Der Sandmann

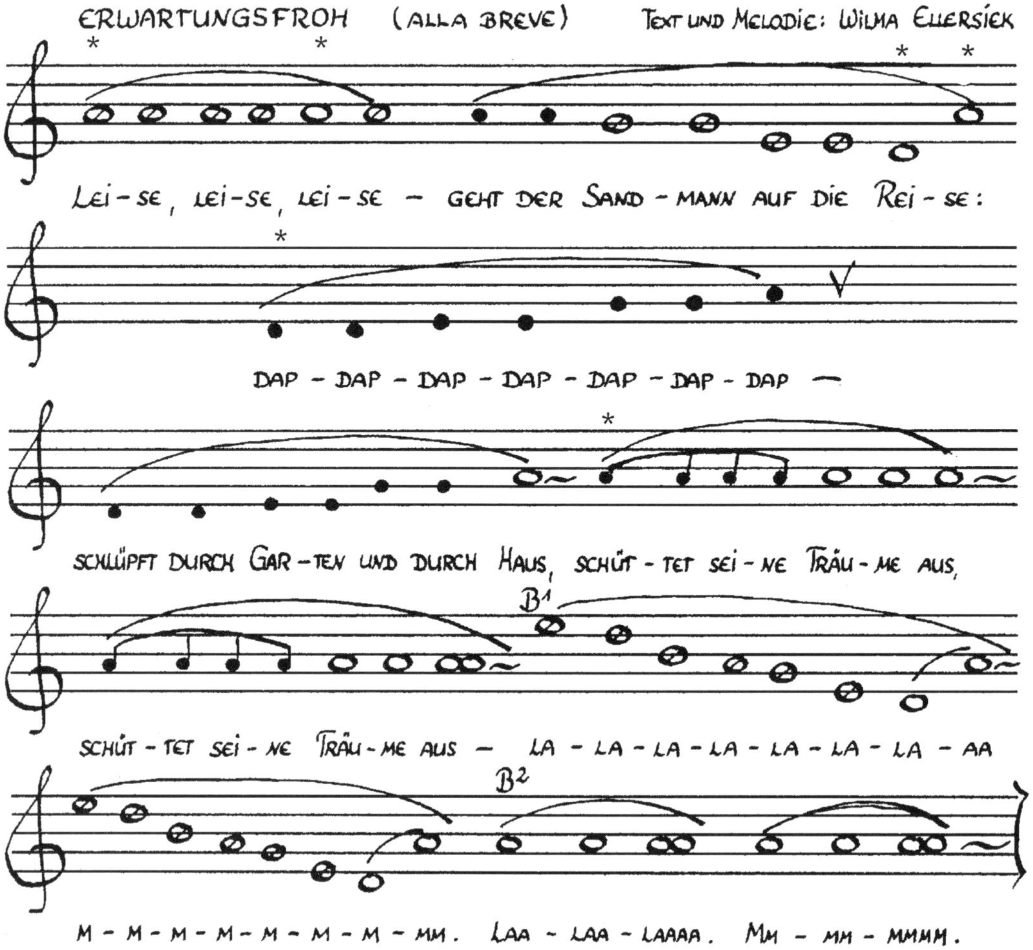

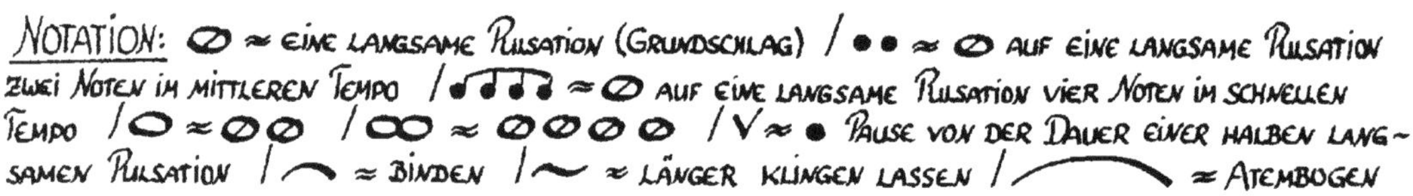

Gestaltungshinweise

Das Kind liegt im Bett oder im Schoß und man singt ihm das Lied. Es ist auch möglich einige entsprechende Gebärden dazu zu machen, zum Beispiel kann der Sandmann auf der Bettdecke herantappen. Dann lässt die Hand die Träume von oben herabsinken (Fingerbewegung).
Für den B-Teil des Liedes können anstelle des Singens Elementarinstrumente eingesetzt werden.

Die Cymbeln

Für B1 die Cymbeln nebeneinander mit angehobenen Unterarmen auf Brusthöhe halten und nach zartem Anschlag (siehe «Metallinstrumente») folgende Bewegung ausführen:

Wenn der Klang vollständig verklungen ist, Anschlag und Gebärde wiederholen.
Für B2 Ausgangshaltung wie oben, noch zarter anschlagen und den Bewegungsbogen nur bis Schulterhöhe ausführen, dafür mehr über vorn zur Mitte bewegen.
Drei mal wiederholen. Jeder neue Anschlag wird leiser und erfolgt in die absolute Ruhe hinein. Nach dem letzten «Anstreifen» der Cymbeln, diese nur noch leicht anheben, keinen Bogen mehr ausführen, restlos ausklingen lassen.
Für die Teile B1 und B2 können auch die Klangröhren, das Glockenspiel oder der Triangel eingesetzt werden. Der Triangel wird bei * im Notentext angeschlagen: auf den Ton a' oben: auf den Ton d' unten. Bei dem Textwort: «schüttelt» wird der Stab im oberen Triangeleck schnell hin- und herbewegt. Bei dem Textwort: «Träume» ausklingen lassen.

Spielhinweise für die Handgesten zu:
Der Sandmann

1 Leise – leise – leise

1 Mit den Händen (Innenfläche nach vorne) nach abwärts eine leichte beschwichtigende, besänftigende Bewegung machen.

2 geht der Sandmann

2 Hände heben und eine «Zipfelmütze» vorne auf dem Kopf andeuten

3 auf die Reise

3 Bei dem Wort «Rei-se» mit der Zipfelmütz-Geste eine kleine Verbeugung nach vorne bei «Rei» und wieder zurück bei «se» machen. Zweite Silbe: «se» etwas gedehnt singen.

4 dap – dap – dap – dap – dap – dap – dap

4 Mit den Zeigefingerkuppen auf die Oberschenkel tupfen und im Sprachrhythmus (auf jedes «dap»), abwechselnd rechts und links nach vorne zum Knie bewegen.

5 schlüpft durch Garten
und durch Haus

5 a) Hände mit kleinem Schwung nach vorne führen. Handflächen zueinander.
Hände (Innenfläche nach unten) waagerecht auseinander, eine Gartenfläche zeigen.

b) Hände über dem Kopf zusammenführen. Fingerspitzen berühren sich. Eine Weile so halten. Ein «Dach» andeuten.

6 schüttet seine Träume aus,
schüttet seine Träume aus

6 Hände herunternehmen und (Innenfläche nach unten) waagerecht nach außen führen, dabei alle Finger leicht und locker bewegen mit Behutsamkeit und langsam.
Hände auf gleicher Höhe (etwa Schulterhöhe) wieder zurück führen wie oben.

7 stumm

7 Hände gemeinsam hochführen bis über Kopfhöhe.

8 la-la-la-la-la-la-la-aa!

8 a) Von oben herunterführen mit leichten ruhigen Fingerbewegungen (bis etwa Magenhöhe).
b) Hände im kleinen Bogen über oben nach innen führen ohne Fingerbewegung. Ausklingen lassen. 7) und 8) wiederholen.

9 laa – laa –

laaaa –

9 a) Hände in zwei Bögen nach außen führen mit ganz wenigen Fingerbewegungen.
b) Hände im Bogen nach innen führen, etwas tiefer, ohne Fingerbewegungen. Eine Weile halten.
9.a) und b) wiederholen.

10 stumm

10 Hände auf die Oberschenkel sinken lassen. Die Handbewegungen müssen sehr «luftig» sein, um das Herunterschweben der Träume anzudeuten.

Zu Seite 57:

Ist das Kind oder sind die Kinder schon etwas älter (ca. 2 1/2 – 3 Jahre), kann man die Ruhephase vor dem Schlafen noch etwas ausgestalten, z.B. mit Summen oder Singen auf La-la-la, mit instrumentaler Begleitung auf der Choroi-Kinderharfe oder der pentatonischen Choroi-Flöte.

Müde ist mein Kindelein

Behutsam einschläfernd — Text und Melodie: Wilma Ellersiek

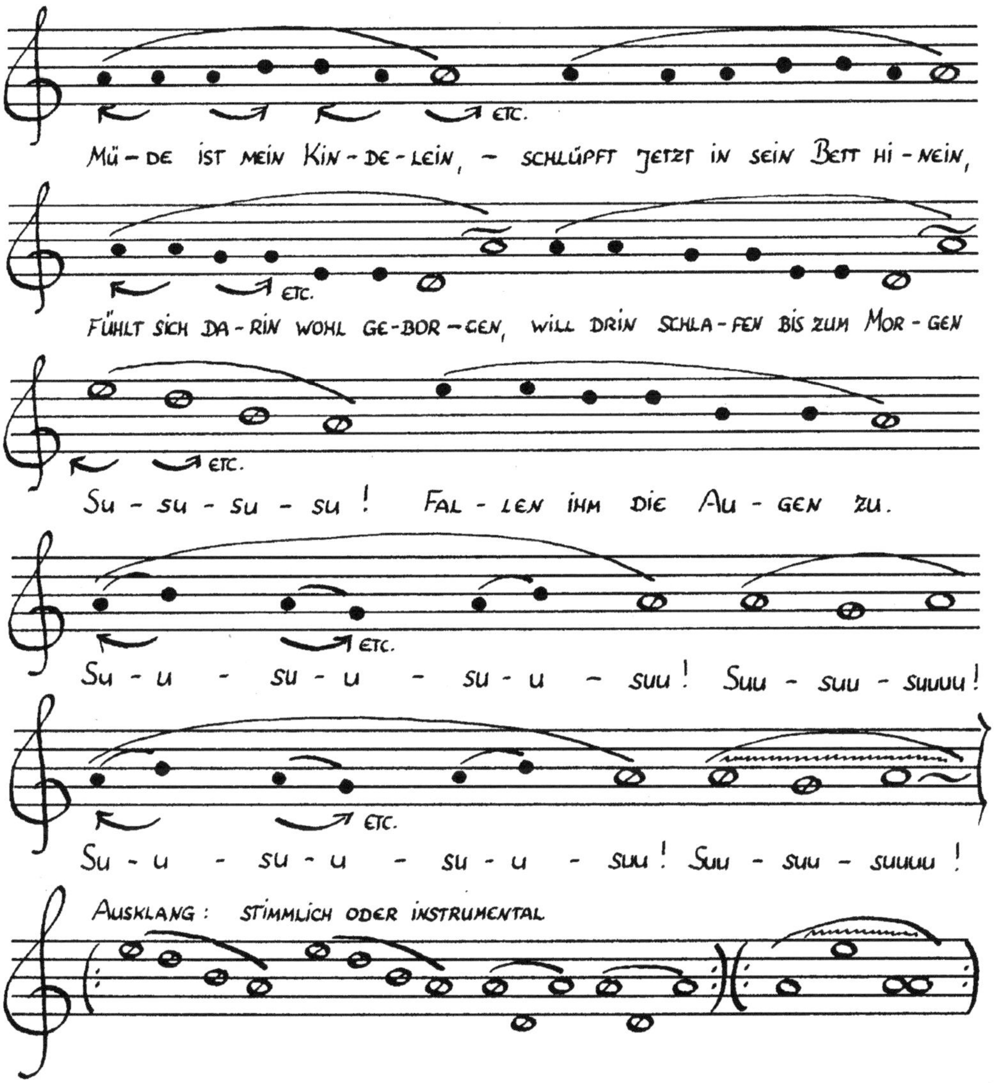

Notation: ● ≈ eine Pulsation (Grundschlag) / ⊘ ≈ ● ● / ○ ≈ ● ● ● ●
⌒ ≈ binden / ~ ≈ länger klingen lassen / ~~~ ≈ verklingen lassen, zugleic
langsamer und leiser werden / ⌒ ≈ Atembogen / ↶ ↷ ≈ wiegen

Alle die Sternlein

Heiter – ruhig schwingend Text und Melodie: Wilma Ellersiek

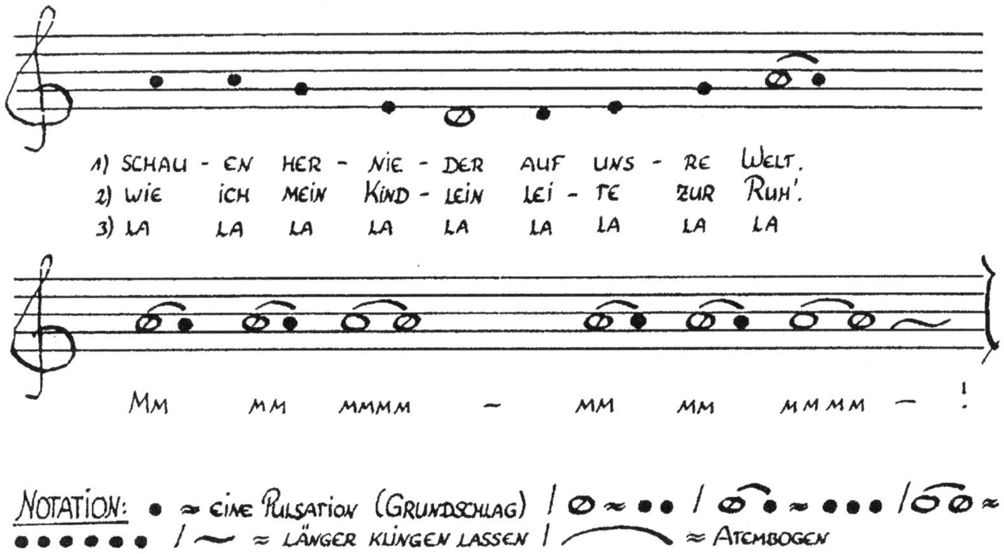

Statt «Sternlein» kann auch «Sterne» gesungen werden. Die Verkleinerungsform bedeutet keine Verniedlichung der erhabenen Sternenwelt, sondern ist eine sprachliche «Koseform», durch die für das kleine Kind ein Raum des Vertrautseins und der Geborgenheit geschaffen wird.

Im Winter, wenn es früh dunkel wird, und beim zu Bett bringen schon Sterne am Himmel zu sehen sind, kann man mit dem Kind auf dem Arm noch ans Fenster gehen, dort das Lied singen und mit der freien Hand einige dem Text entsprechende Bewegungen dazu ausführen. Die Gebärden sollten aber zurückhaltend sein, so freilassend, dass dem Kind die Möglichkeit gegeben wird, zu dem Behütetwerden durch den Menschen auch die Obhut des Himmlischen zu spüren, unter der es steht, von der es umhüllt und gehalten wird. Dabei ist wichtig, dass das Kind sich anschmiegen kann um die leibliche Geborgenheit zu erleben.

Dieses Lied ist auch für Gruppen sehr geeignet. Je nach Situation kann man Handgesten dazu machen.

Spielanleitung für die Handgesten zu:
Alle die Sternlein

1 Alle die Sternlein am Himmelszelt

1 Hände mit gespreizten Fingern (Sterne) schräg hochheben etwas über Kopfhöhe, bei: «Himmelszelt» ruhig halten.

2 schauen hernieder auf unsre Welt

2 Hände schräg nach vorne ein klein wenig herunterführen, bei: «auf unsere Welt» ruhig halten.

3 Funkeln im Dunkeln
x re. x li.
mit leuchtendem Strahl
x x
alle die Sterne
x x

3 Im angegebenen Sprachrhythmus: «x» Hände abwechselnd rechts und links nach vorne, dabei etwas stärker spreizen, am Endpunkt vorne einen kleinen Impuls geben, dadurch das Glitzern andeuten.

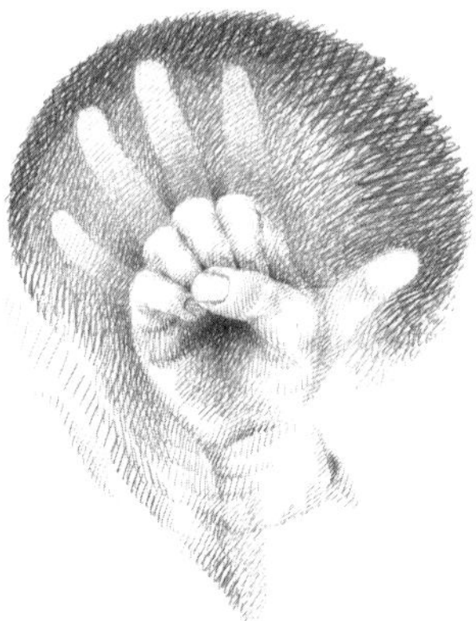

4 wer kennt ihre Zahl?

4 Hände, die bisher mit der Innenfläche nach vorne zeigten, so nach innen drehen, dass die Innenflächen nach oben zeigen. Wie zwei Schalen, wie eine Fragestellung. Dabei zum Himmel hinaufschauen.

5 Alle die Sternlein am Himmelszelt

5 Hände im Bogen über oben wieder zusammenführen, Innenflächen nach vorne mit gespreizten Fingern.

6 strahlen hernieder auf unsre Welt

6 Hände schräg nach vorn herunterführen, mittlere Höhe. Ein Weilchen so halten.

7 Alle die Sternlein

7 Wie oben bei: 1)

8 die schau'n uns zu

8 Die Hände beim Herunterführen flach zusammen legen.

9 wie ich mein Kindlein leite zur Ruh
a) b)

9 a) Hände zusammengelegt an die linke Wange, b) in dieser Haltung leicht hin-und herwiegen.

10 glitzern und blinken in silberner Pracht
x x x x

10 Wie oben bei 3 in Kopfhöhe.

11 winken vom Himmelszelt
gu-u-te Nacht

11 Im angegebenen Rhythmus: — — — mit beiden Händen gleichzeitig winken. Die letzte Bewegung ruhig nach vorne herunterführen, wie eine behütende Gebärde.

12 Alle die Sternlein

12 Wie oben bei: 7

13 die schau'n uns zu

13 Wie oben bei: 8

14 Wie ich mein Kindlein leite zur Ruh

14 Wie oben bei: 9

15 mm–mm–mmmm
mm–mm–mmmm

15 Geste beibehalten und leicht wiegen.

16 stumm

16 Eine Weile stumm sitzen, dann leise die Geste auflösen.

Husch! - Ins Bett

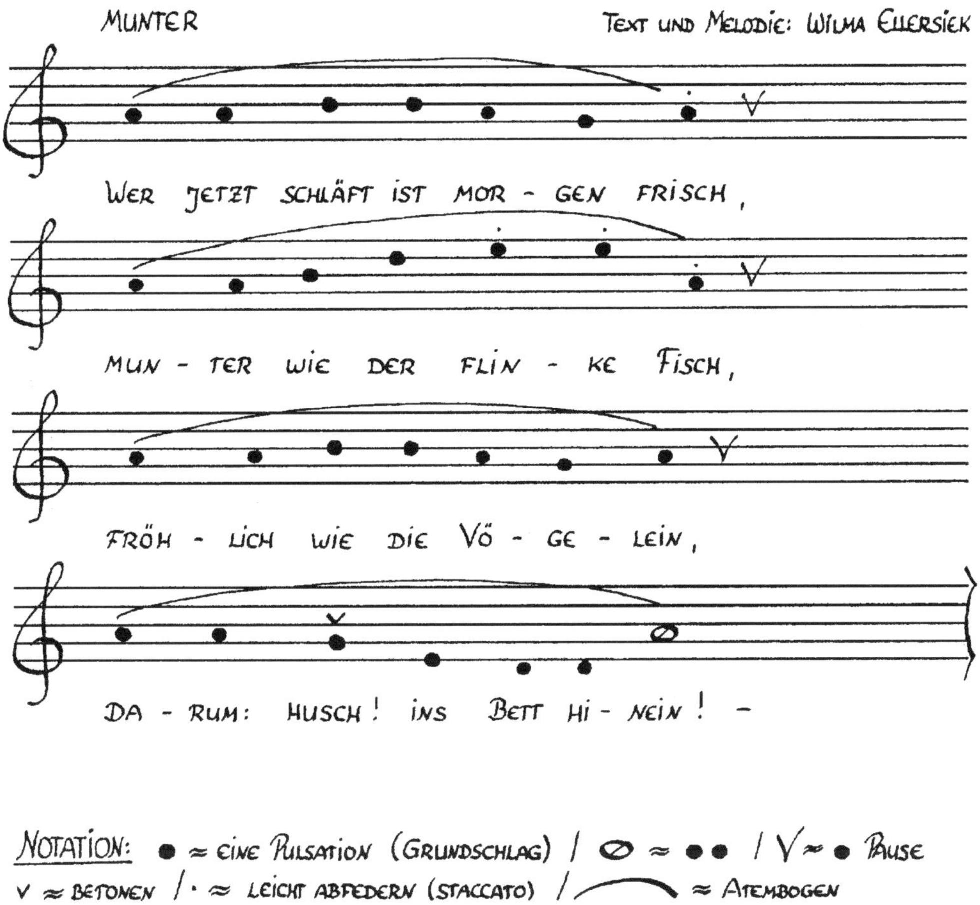

Dieses Lied ist gut geeignet für das Vorbereiten zum Schlafengehen, beim Ausziehen und Waschen etc.
Auch für die Situation, wenn Kinder sich von ihrem Spiel nicht trennen mögen, hat sich diese freundliche, musikalische Aufforderung immer wieder sehr bewährt.

Alles geht zur Ruh

Ruhig schwingend — Text und Melodie: Wilma Ellersiek

Notation: ● ≈ eine Pulsation (Grundschlag) / ♪♩ ≈ ● / ⌀ ≈ ●● / ⁀ ≈ Atemembogen
↶↷ ≈ Wiegen

Spielanleitung für die Handgesten zu:
Alles geht zur Ruh'

1 Su-su-suu, alles geht zur Ruh';

1 Arme umeinanderlegen und das imaginäre Kind hin- und herwiegen, oder das reale Kind (oder Puppe) auf dem Schoß wiegen.

2 In dem warmen Nestlein
schlafen schon die Vöglein.

2 Mit den Händen ein Nest (Schale) bilden und vor sich halten.
Hin- und herwiegen wie oben.

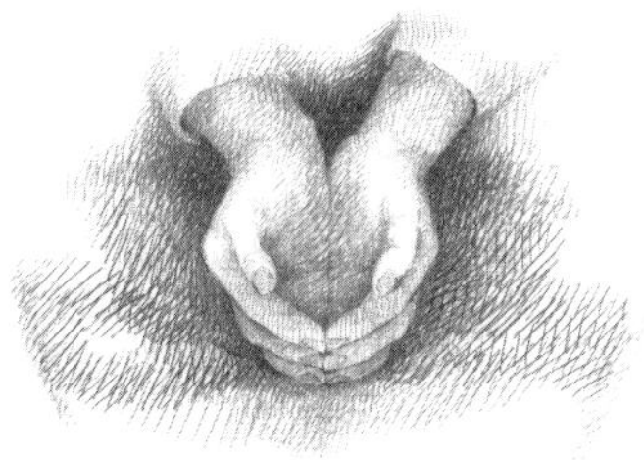

3 Su-su-suu … (etc.)

3 Wie oben bei 1

4 In dem Stall die Schafe
träumen schon im Schlafe

4 Hände und Arme hochführen
Etwas über Kopfhöhe bei «Stall» mit beiden Händen ein Dach bilden.

5 Su-su-suu … (etc.)

5 Wie oben bei 1 und 3

6 In der Himmelsferne
leuchten schon die Sterne

6 Hände heben (Innenfläche nach vorn) und nach oben deuten, wieder herunternehmen bis auf Kopfhöhe, bei «leuchten» Hände und Finger nach vorne spreizen. Wieder zurückfedern mit eingerollten Fingern und ein zweites Mal bei «Sterne» mit Fingerspreizen vor. (Die Sterne leuchten und glitzern).

7 Su-su-suu …(etc.)

7 Wie oben bei: 1, 3, 5

8 Suu – suu – suuuu –

8 Bewegung und singen ausklingen lassen.

Gute Wacht-Lied

(Musikalisches Erzählchen mit Handgesten)

Getragen ruhevoll (alla breve) Text und Melodie: Wilma Ellersiek

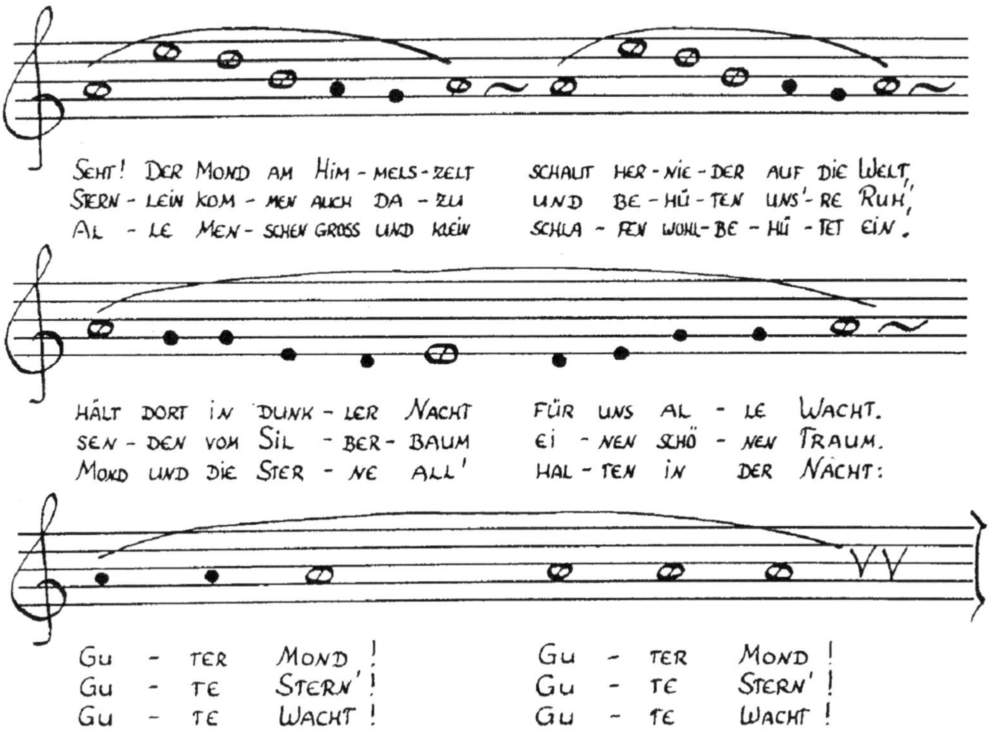

Abschlussvers: (sprechen)

Alle, alle eingeschlafen.
Alle Schiffe in dem Hafen.
Alle Vögel in dem Nest
schlafen fest – schlafen fest.

Ja, es schläft die ganze Welt.
Nur die Sterne und der Mond
halten Wacht am Himmelszelt.

Alle Blumen und die Bäume
haben wunderschöne Träume

Notation: ⊘ ≈ eine langsame Pulsation (Grundschlag) / • • ≈ ⊘ auf eine langsame Pulsation zwei Noten im mittleren Tempo / V ≈ ⊘ Pause für eine langsame Pulsation
~ ≈ länger klingen lassen / ⌒ ≈ Atembogen

Spielanleitung für die Handgesten zu: Gute Wacht-Lied

Man bietet das Handgesten-Lied und den Abschluss-Vers als «Erzählchen» an.
Dabei wird es den Kindern überlassen zuzuhören oder mitzumachen.

Handgestenvorschläge:

Vorbereitung der «Mond-Geste»:
Die Hände bilden eine Schale, in die man einen größeren Ball hineinlegen könnte. In dieser Haltung die Hände senkrecht hochkippen, so dass die Wölbung als Mond zum Zuschauer hingewendet ist, etwa in Höhe des Brustbeins.

1 Seht! Der Mond am Himmelszelt
schaut hernieder auf die Welt

1 Man beginnt zu singen und führt dabei den «Mond» sehr langsam senkrecht nach oben (der Mond geht auf). Bei: «die Welt» steht der Mond so hoch, dass man gerade noch über ihn hinaussehen kann.

2 hält dort in dunkler Nacht
für uns alle Wacht.

2 Hände (als Mond) still halten bis «Wacht».

3 Guter Mond! Guter Mond!

3 Gewölbte Hände (als Mond) sehr langsam weiter senkrecht nach oben führen, so weit, dass die Handwurzeln etwa in Nasenhöhe sind. Beim zweiten «Mond» denselben «scheinen lassen», das heißt Bewegung anhalten.

4 Sternlein kommen auch dazu
* * * *
re. li. re. li.

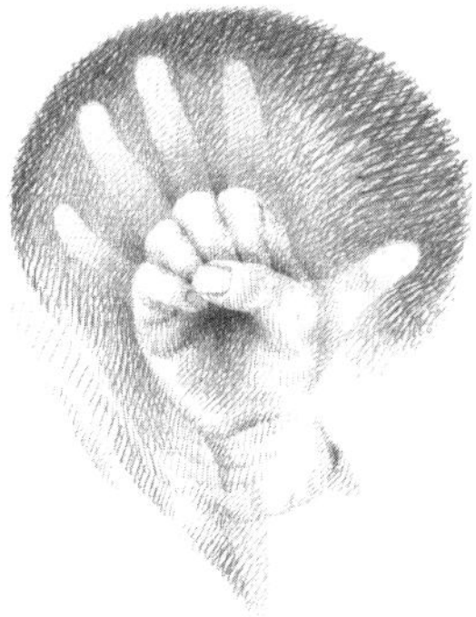

4 Das Blinken (Glitzern) der Sterne wird so angedeutet, dass man die locker eingerollten Hände mit der Handinnenfläche nach vorne abwechselnd öffnet und die Finger dabei spreizt und gleich wieder locker einrollt. Das geschieht viermal im Sprachrhythmus, siehe linke Seite: * Man beginnt mit der rechten Hand in Höhe der Schläfen; ebenso hoch linke Hand. Dann zweimal etwas höher darüber. Die Bewegungen sollen leicht und luftig sein.

5 sie behüten unsre Ruh'

5 Hände zur linken Wange führen, dabei die Handinnenflächen aufeinanderlegen. Bei «Ruh'» Kopf nach links auf die Hände legen (Symbolgeste für schlafen).

6 senden vom Silberbaum

6 Arme hochheben, Hände bei «Silberbaum» locker herunterhängen lassen (wie eine Hängeweide).

7 einen schönen Traum

7 Arme oben lassen, Hände hoch und zurück biegen

8 Gute Stern'! Gute Stern'!
* * * *
re. li. re. li.

8 Die Sterne wieder glitzern, blinken und funkeln lassen. Abwechselnd rechts und links. Sich Zeit lassen.

III.

9 Alle Menschen groß und klein

9 Für die «großen Menschen» auf Augenhöhe einen imaginären Kopf mit den Händen andeuten, für die «kleinen Menschen» – also Kinder – etwa auf Brusthöhe die Bewegung wiederholen (siehe Bild links).

10 schlafen wohlbehütet ein.

10 Hände zusammenlegen und zur linken Wange führen, bei: «behütet» den Kopf darauf legen (siehe Abbildung bei 5).

11 Mond

11 Hände wie bei 1 als «Mond» vor das Gesicht halten, so, dass gerade noch darüber hinweggesehen werden kann.

12 und die Sterne all'
* (re.)
halten in der Nacht
* (li.) * (re.)

12 Sterne noch einmal glitzern, blinken und funkeln lassen wie bei 4.

13 Gute Wacht! Gute Wacht!
* (li.)

13 Zum Abschluss, beim zweiten «Gute Wacht», den Mond noch einmal scheinen lassen. Geste wie am Anfang beschrieben für den «Mond». Sich Zeit lassen.

Ausklang (gesprochen)

a Alle, alle eingeschlafen

a Hände an die linke Wange, Kopf auflegen wie bei 5.

b Alle Schiffe in dem Hafen

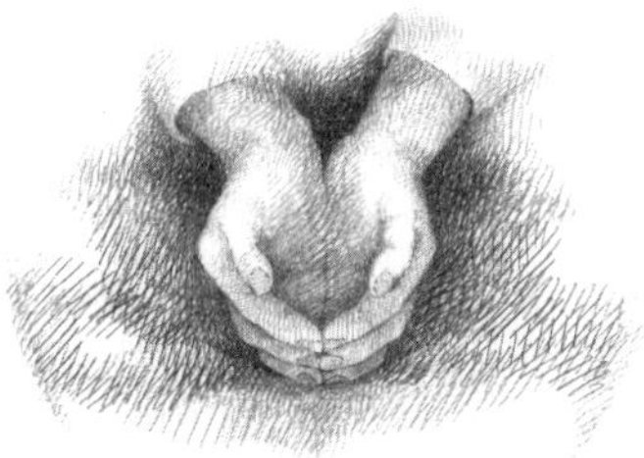

b Hände zusammengelegt, einen kleinen Hohlraum dazwischen lassen, als «Schifflein» in der Mitte über den Oberschenkeln leicht schaukeln lassen.

c alle Vögel in dem Nest

c Linke Hand bildet ein «Nest» (wie eine Schale). Rechte Hand bildet ein «Vögelein» (Daumen und Zeigefinger als «Schnabel»). Die anderen Finger sind eingerollt. Das Vögelein setzt sich bei: «Nest» in die linke Hand.

d schlafen fest, schlafen fest

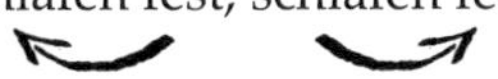

d Nest mit Vogel leicht hin- und herwiegen.

e Alle Blumen

e Linke und rechte Hand bilden geschlossene Blüten. Handrücken nach unten, alle Fingerkuppen berühren sich.

f und die Bäume

f Bäume: Die Hände berühren sich über dem Kopf mit den Fingerkuppen.

g haben wunderschöne Träume

g Hände sehr langsam bei: «wunderschöne Träume» lösen und zurückkippen, Arme bleiben in der gleichen Höhe (siehe 7).

h Ja, es schläft die ganze Welt

h Unterarme und Hände übereinanderlegen (etwa in Stirnhöhe), dabei den Kopf leicht senken.

i Nur die Sterne

i Strahlende Sterne bilden, siehe bei 4, rechts und links gleichzeitig.

j und der Mond

j Mond bilden, knapp unter Augenhöhe

k halten Wacht am Himmelszelt!

k «Mond» steht am Himmel und scheint. Die Kinder dabei nicht anschauen, sonst werden sie vom «Mond» abgelenkt.

Einwiegen

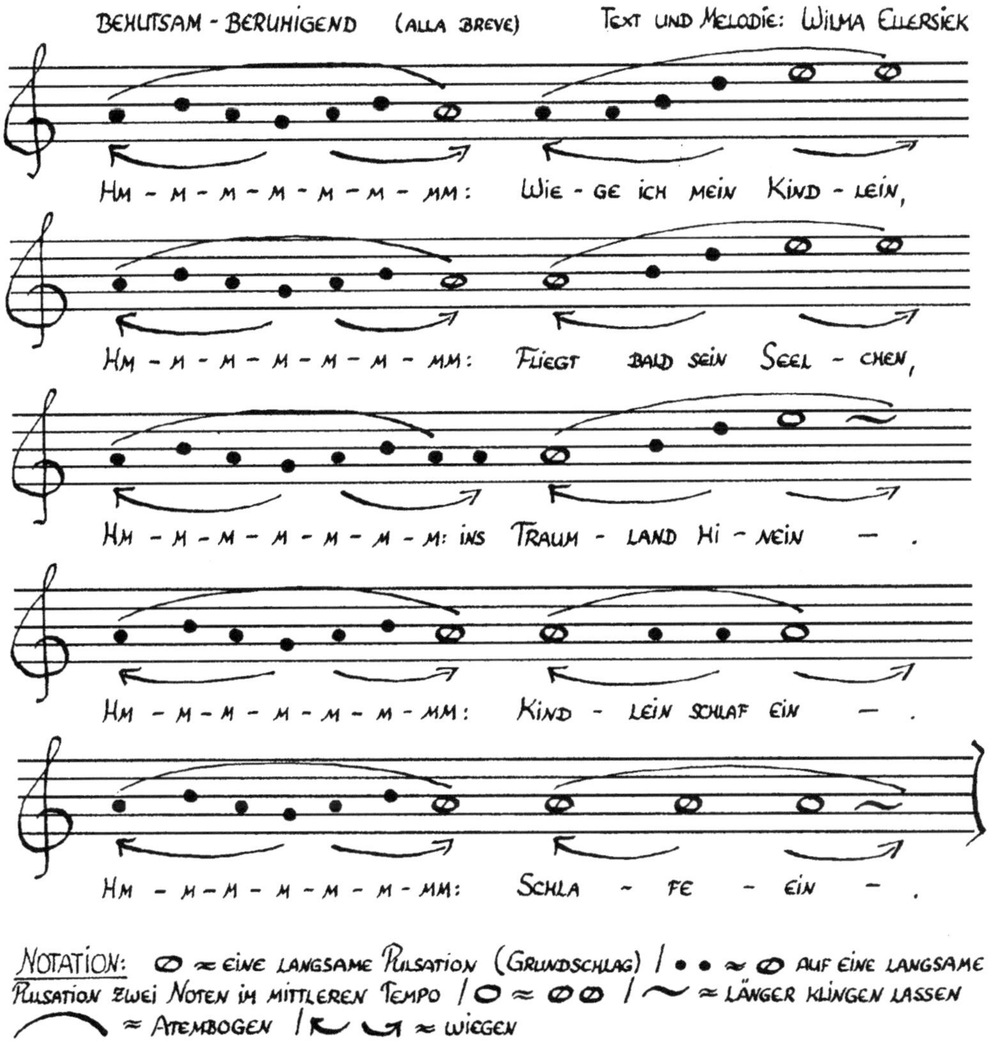

Bei diesem Lied ist es besonders schön, die Choroi-Harfe beim Singen mitzuzupfen. Die wiegende Tonumspielung kann man anstelle des Summens nur auf dem Instrument spielen. Die Kinder lieben es, dabei auf dem Schoß gewiegt zu werden, sie schätzen es aber auch, wenn der Erwachsene am Bett sitzend das Lied singt und spielt.
Das Zupfen der Saiten wird nicht nach oben ausgeführt, sondern ist mehr ein Über-die-Saiten-Streichen mit den Fingern, damit der Klang milde ist.

Spielangebote für Ruhe-Phasen

Windwehen
(Für die Pentaton-Choroi-Kinderharfe)

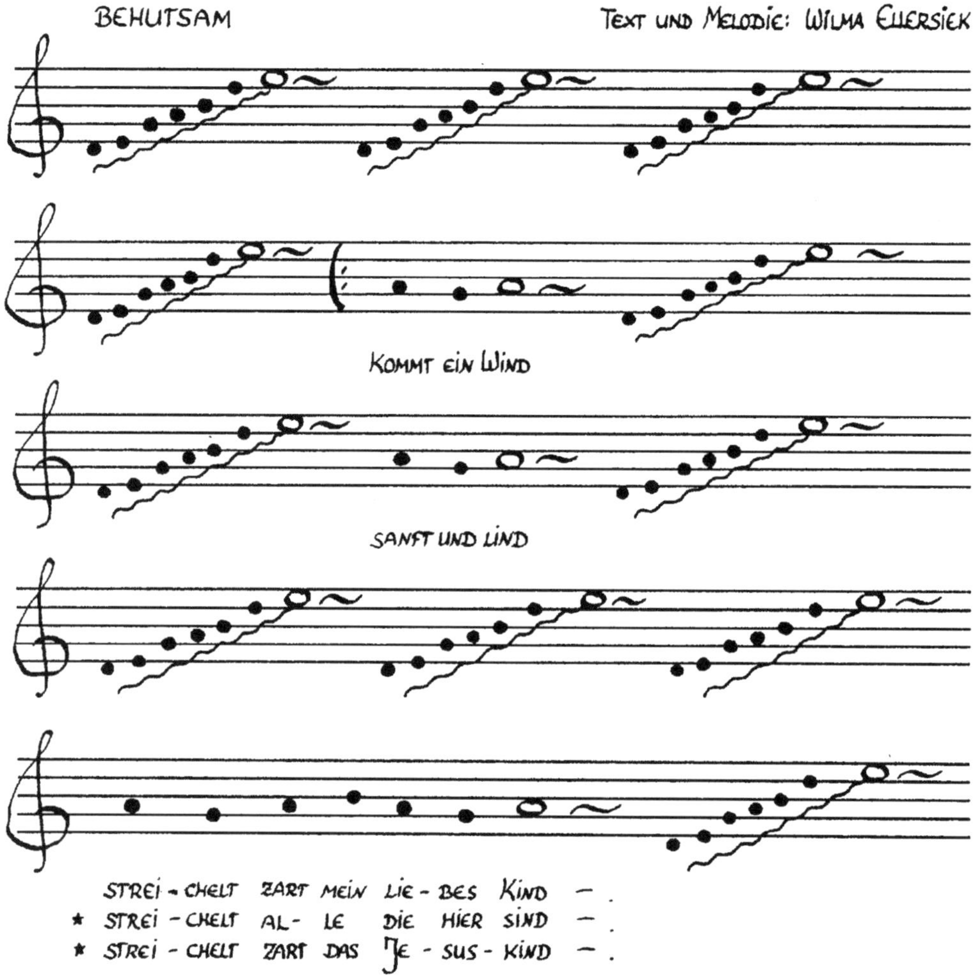

Spieltechnik für die Choroi-Harfe siehe im Kapitel: «Die Elementarinstrumente von Choroi» Seite 21 bis 25.

* Es kann auch ein Tier- oder Pflanzenkind sein, je nach Situation den entsprechenden Namen einsetzen.

Musikalisches Geschehen:
Aufsteigende Arpeggien haben viel Leichte, Schwebendes. Zur Gewichtung erklingt immer wieder der Zentralton a'. Auch die Sekundumspielung wie zum Beispiel a'-g'-a'steht einem «Entschweben» entgegen. Der abschließende Quintklang d'-a' wirkt wie eine bergende Hülle. Der gesamte Ablauf hat eine ausgewogene Leichte, zu der auch der Wechsel von reinem Instrumentalklang und Stimme mit Instrument beiträgt.

Zeit-Maß:
Es gibt keine feste Bindung an Notenwerte. Die Einzeltöne richten sich nach den gesungenen Worten, die Arpeggien nach dem Bewegungs-Ablauf. Das ganze Geschehen muss atmend sein.
Bei den Arpeggien im Ausklang sind die Töne, obwohl man die Finger weiter über die Saiten gleiten lässt, mehr und mehr einzeln herauszuhören, das ist durch das Langsamerwerden der Gleitbewegung bedingt. Den jeweils letzten Ton der drei Schluss-Arpeggien zupfen und ausklingen lassen. Zum Abschluss werden die Saiten d' – a' als Zusammenklang, also gleichzeitig gezupft. Danach die Hand im Bogen abheben, das ergibt ein gutes Ausklingen.

Zur Ruhe führend

Für Choroi – Kinderharfe

Melodie: Wilma Ellersiek

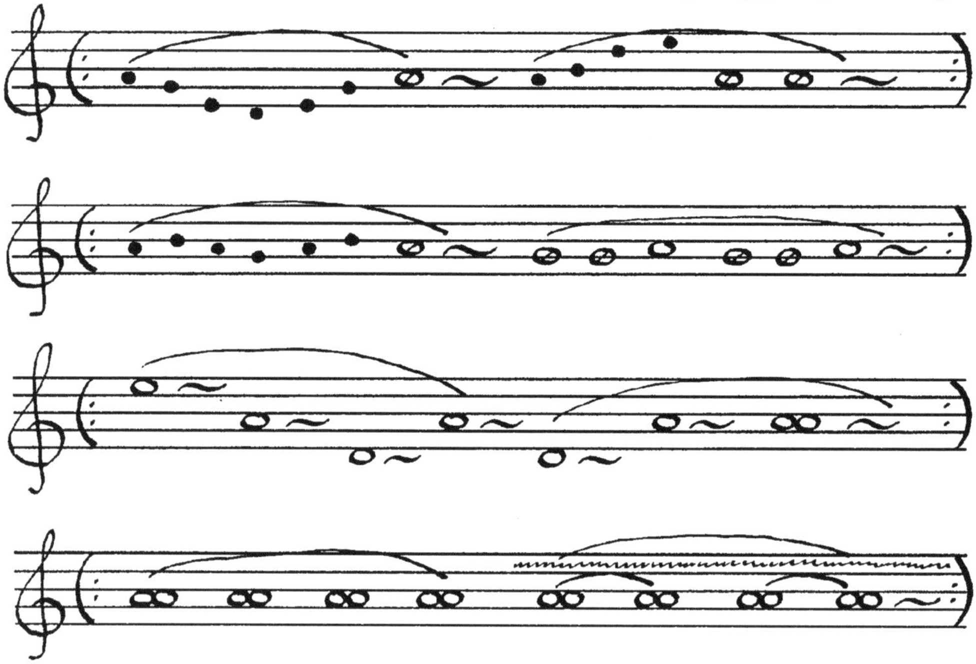

Notation: • ≈ eine Pulsation (Grundschlag) / ⌀ ≈ • • / o ≈ • • • • / oo ≈ • • • • • • • • / oo⌒oo ≈ • • • • • • • • • • • • • • • • / (: :) ≈ wiederholen / ~ ≈ länger klingen lassen / ~~~~ ≈ verklingen lassen / ⌒ ≈ Atembogen

Die Notenwerte werden nicht genau ausgezählt, die Art der Notation soll nur andeuten, dass es sich um immer mehr ausklingende Töne handelt, die in einer gewissen Entsprechung zur Pulsation stehen. Es ist ein stark nachhorchendes Element in dem Geschehen. Bei der Wiederholung wird die Zeile schwächer gespielt. Die letzte Zeile wird bis zur Unhörbarkeit zurückgenommen.

Zum Ruhen oder zum Einschlafen

zu spielen auf der Choroi – Kinderharfe

Melodie: Wilma Ellersiek

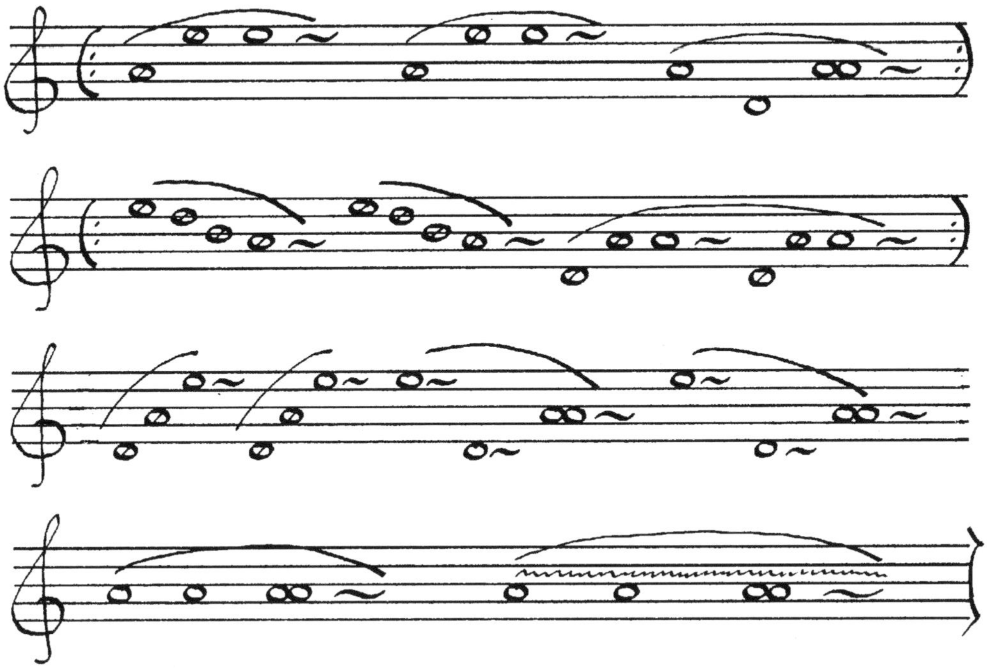

Notation: ⌀ ≈ eine langsame Pulsation (Grundschlag) / ○ ≈ ⌀⌀ / ∞ ≈ ⌀⌀⌀⌀ / (: :) ≈ wiederholen / ~ ≈ länger klingen lassen / ~~~ ≈ verklingen lassen / ⌒ ≈ Atembogen

Handhabung der Choroi-Kinder-Harfe siehe im Kapitel «Die Elementarinstrumente von Choroi», Seite 21 ff.

Charakter der Wiegenlieder und ihre Wirkung

Aus vielfältigsten Erfahrungen mit Kindern auf allen Kontinenten ist zur Wirkung der Wiegen und Ruhe-Lieder in der Quintenstimmung mit dem Zentralton a' zu sagen:

1. Die Wiegen- oder Ruhelieder, die mit der großen Sekunde um den Zentralton a' spielen oder pendeln, haben eine «einlullende» Wirkung, sie führen allmählich in die Ruhe, ins Träumen. Es ist eine Art Schwebezustand zwischen Schwere und Leichte:

Zentralton-Sekundumspielung: «Welle»

strömend – fließend: 

Es erinnert an einen plätschernden, murmelnden Bach.

Sekund-Pendel: «Schwingung»

wiegen – schaukeln: 

Es erinnert an sanft wiegende Gräser und Zweige in denen es summt und raunt.
Lied-Beispiele: «Der Wind weht durch die Bäume» und «Lässt sich wiegen – wiegen»

2. Die Wiegen- und Ruhelieder, welche die Unterquinte oder die Tonfolge im Unterquintraum betonen, sprechen die Erdenmüdigkeit, die Schwere, das In-den-Schlaf-Sinken an:
Unterquint-Tonfolge absteigend: «Schwere»

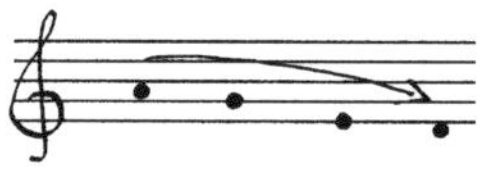

Die absteigende Tonfolge im Quintraum führt in das Loslassen, das Ausatmen, in die Entspannung hinein. Sie lädt ein sich ganz hinzugeben, einzuschwingen.

Unterquint-Tonfolge aufsteigend: «Leichte»

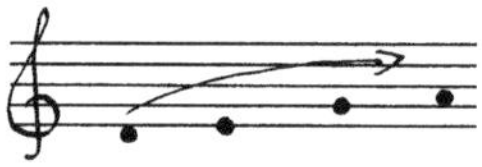

Die aufsteigende Tonfolge im Unterquintraum (also die Rückkehr zum Zentralton a') wirkt einer lastenden Schwere entgegen. Man fühlt sich getragen und gehalten. Zum Beispiel: «Das Ruhe-Dideldu»,

Unterquint-Tonfolge mit Quintschritt auf und ab:

Eine ausgesprochen «befriedende» Wirkung geht von derartig gestalteten Liedern aus. Zum Beispiel: «Husch ins Bett», «Bei Monden und bei Sternenschein», «Ruschel-Raschel-Ruschel», Müde ist mein Kindelein», «Wiegewind wiegt mein Kind».

3. Die Wiegen- oder Ruhelieder, in denen die Oberquinte oder die Tonfolge in der Oberquinte dominieren, heben das «In-die-Leichte-Gehen» hervor, ein Sich-Lösen aus der Schwere in die Schwerelosigkeit wird bewirkt. Es ist

ein Entschweben in Himmelsräume, Erdenschwere abstreifend.

Oberquintraum-Tonfolge auf und ab: «Leichte»

Liedbeispiele hierzu: «Einwiegen», «Alles geht zur Ruh».

Oberquintraum-Tonfolge aufwärts: «öffnen»

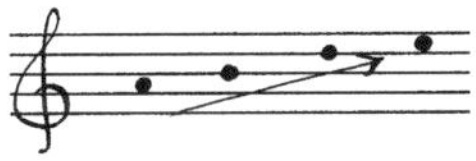

Ein schönes Beispiel hierfür ist das «Windwehen» für die Choroi-Harfe.

Oberquintraum-Tonfolge absteigend: «schließen»

Ein besonderes Wohlbehagen wird durch die absteigende Tonfolge im Oberquintraum hervorgerufen. Es ist wie eine «Ton-Liebkosung» für das Kind. (Kindermund: «Sing' das nochmal, das streichelt so schön.»)
Lied-Beispiele: «Müde ist mein Kindelein», «Der Sandmann».

4. Die Wiegen- oder Ruhelieder, die Tonfolgen oder Quintschritte im Ober- und Unterquintraum umfassen, die Melodiegestaltung sich also im ganzen Nonenraum bewegt, verbinden Schwere- und Leichte-Wirkungen in optimaler Ausgewogenheit, sie lassen Harmonie erfahren. Sie bilden eine kosmische Hülle und rufen ein Gefühl der Geborgenheit hervor und haben dadurch eine entängstigende Wirkung.

Nonenraum: Oberquint- und Unterquintraum-Tonfolge: «Lemniskate»

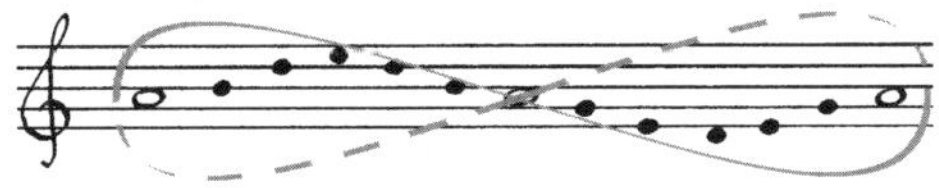

Gleichgewicht, optimale Ausgewogenheit

Lied-Beispiele: «Seht der Mond am Himmelszelt», «Alles geht zur Ruh».

Nonenraum, Ober- und Unterquinte: «Hülle»

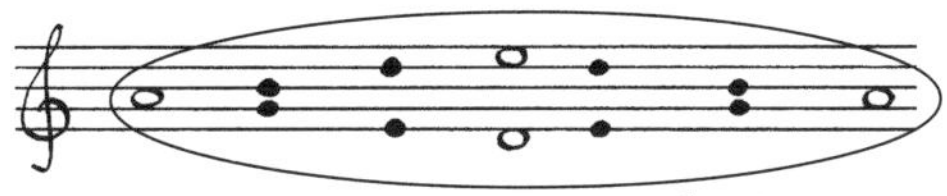

Der Unterquintraum ist wie ein Schoß, in den man sich schmiegt, man wird getragen und gewiegt, man erfährt darin die Schwerelosigkeit des Leibes. Der Oberquintraum ist wie ein Himmelsgewölbe, unter dessen Schutz man sich gehalten und geborgen fühlt. Man erlebt Seelenruhe und Seelengleichgewicht. Erde und Himmel fügen sich zusammen zu einer bergenden Hülle, (Kosmos).

Nonenraum-Zentrum und Peripherie: «Hülle mit Mitte und Umkreis»

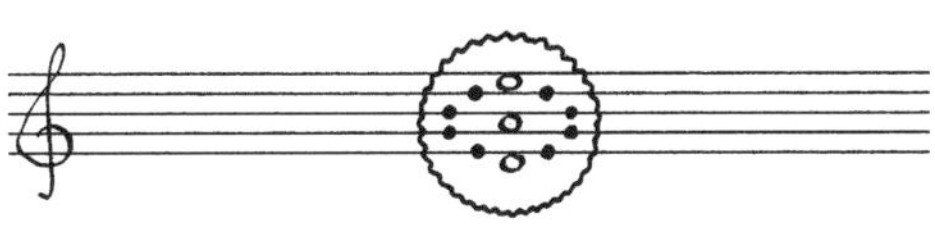

Nonenraum
Doppelquint- und Nonenschritte auf- und abwärts

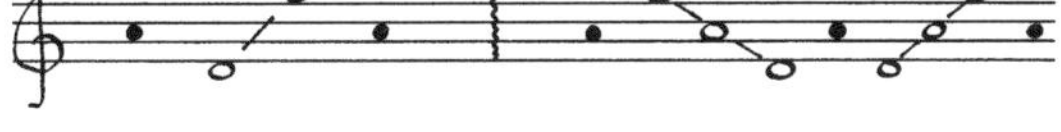

Die Melodiegestaltungen, die Nonen- und Doppelquintschritte um den Zentralton a' miteinbeziehen, erzielen eine lösende Wirkung. Sie sind erholsam. Der über die Oktave hinaus sich ausdehnende Nonenraum wird als eine Weitung erlebt. Alles Beengende wird aufgehoben. Die Atmung vertieft sich, wird ruhig, wird frei. Der Rückweg zum Zentralton a' wird wie ein Zu-Sich-Kommen erfahren. Man hat seine Mitte gefunden, in sich ruhend. Melodie-Beispiele: «Zur Ruhe führend» «Zum Einschlafen».

5. Der reine Quint-Pendel: «Haut»

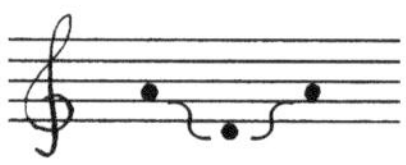

Der Quint-Pendel a'-d'-a' hat eine Ruheraum-Wirkung. Sehr gerne lassen sich die Kinder da hinein nehmen, sie fühlen sich wohl in dem sie wie eine Haut umgebenden Tonraum. «Aushäusigkeit» verschwindet, sie werden «eingesammelt», kommen zu sich und fühlen sich geborgen wie in einem schützenden Haus. Die reine Quinte ist ein geordnetes, schwingendes Gefüge, in dem das Kind die Obhut des Göttlichen erfährt.

6. Tonwiederholung am Ende des Liedes: «eintönig»

ablösen – verklingen

Die mehrfache Wiederholung des Zentraltones a' am Ende eines Liedes, ist von folgender Wirkung: die monotone Klangfolge hält in der Schwebe und hat im allmählichen Verklingen etwas behutsam Loslassendes. Die Kommunikation, das Gespräch des Tones a' mit den Tönen, die ihn in dem Unter- und Oberquintraum umgeben, hört auf, der Klang wird eintönig. Der Zentralton von dem alles ausgeht und zu dem alles zurückkehrt verstummt, wird unhörbar, klingt aber weiter im Kind. Im Verklingen des Tones wird das Kind entlassen aus der Außenwelt in eine klingende, schwingende innere Welt der Ruhe, des «Bei-sich-Seins». Lied-Beispiel: «Die Ruhe-Quinte»

Das Kind im ersten Jahrsiebt erlebt das Musikalische ganz offensichtlich nicht nur über das Ohr, sondern noch mit seiner gesamten Leibesorganisation, je jünger, desto stärker. Es nimmt nicht nur den Ton wahr, sondern primär die durch den Ton entstehenden Vibrationen, Schwingungen.
Wer sich mit der Quintenstimmung mit dem Zentralton intensiv befasst hat und die Wirkung auf die Kinder und auch auf sich selbst beobachten konnte, kann sagen, dass der Doppelquint-Nonenraum eine Kosmische Urgebärde ist, ein Urbild für den Mutterschoß, von dem das Kind getragen wird (Unterquintraum), der überwölbt ist von der selbstlosen Mutterliebe, die es hält (Oberquintraum). Im Irdischen haben wir als Abbild die Wiege mit dem Wiegenhimmel darüber.

Hinweise zur Bewältigung von Verhaltensproblemen bei Kindern

Auf etwas möchte ich hinweisen: Was in den Wiegen- und Ruheliedern in der Quintenstimmung mit dem Zentralton a' den Kindern angeboten wird, ist ein aus der geistigen Welt heraus Gegebenes und schöpferisch Gestaltetes.

Das geistig Wirkende in Rhythmus, Reim, Klang und Melodie ist es, in das die Kinder wie in ein «heilendes Bad» eintauchen können, ebenso der Erziehende. Es gibt Kinder (und Erwachsene), die wie in ihrem Lebenselement gleich darin leben und dadurch gedeihen. Andere steigen nur zögernd ein, und manche weigern sich sogar.

Da heißt es: Geduld haben! Im Grunde sind die, die es nicht schaffen, sehr unglücklich, denn sie möchten es eigentlich nur zu gerne, aber das Leben, die Umwelt hat schon so viele Barrieren und Verschiebungen bewirkt, die muss man behutsam abbauen und ordnen helfen.

Das geschieht gerade durch diese Lieder in der Quintenstimmung, die durch Rhythmus und Melodie das ordnende Element der Schöpferwelt (Sternenwirken) an das Kind herantragen.

Wichtig ist, dass man sich nicht irritieren lässt durch das destruktive Verhalten dieser verstörten Kinder, die der Hilfe ja in besonderem Maße bedürfen. Als «Störung» sollte man die Schwierigkeiten nicht betrachten und vermeiden, verärgert darauf zu reagieren.

Tiefes Mitleid muss uns erfüllen mit diesen von der Umwelt so stark gekränkten Kindern, nur ein Gedanke darf uns bewegen, nämlich der, zu helfen, dass sie den Zugang zum heilenden Quell wieder finden, von dem sie abgeschnitten wurden.

Man erwartet nichts, enthält sich jeder Vorstellung, was das Kind tun müsse. Lässt es ruhig sitzen oder irgendwo für sich spielen. Trägt es aber immer mit in sich durch das ganze Geschehen. Es gibt dann Augenblicke, wo das Kind aufhorcht, sogar herantritt und dabei sein möchte. Cymbeln, Choroi-Harfe, Choroi-Flöte etc. locken es an, es lauscht dem zarten Klingen, schmiegt sich in die Klang-Liebkosung hinein. Immer mehr wird es in das Geschehen mit einbezogen. Das Kind und auch der Erwachsene können sich allmählich der Ruhe hingeben. Das kommt einer wirklichen «Erlösung» aus Fesseln gleich.

Alle auf diesem Gebiet sich Mühenden müssen sich gegenseitig stärken im Durchhalten dieser Gedankenrichtung, das wird eines Tages Früchte tragen. Die Probleme werden sich verringern, eventuell sogar lösen. Eine «Befriedung» tritt ein, die beide Teile, Kind und Erzieher, mit Freude und Dank erfüllen und Kraft geben für das nächste zu lösende Problem.

Tonqualität elektronischer Apparate

Zur Frage der Verwendung von elektronischen Apparaten zur Tonerzeugung und Klang- und Liedvermittlung ergibt sich die Antwort eigentlich von selbst, wenn man sich Folgendes bewusst macht:
Bei diesen Medien fehlt dem Kind das geistige Ich, der Mensch als Gegenüber, auch die innige Beziehung von «du zu du» im Seelischen und die leibliche Nähe, der Körperkontakt sind nicht gegeben. Das Kind erlebt keine wirkliche Geborgenheit. Hierzu folgender Bericht einer Mutter:
Ein Kind bekam auf dem Schoß der Mutter sitzend abends seine Geschichte zum Einschlafen erzählt und wurde mit einem Wiegenlied gewiegt. Zum vierten Geburtstag schenkte man ihm eine CD mit Gute-Nacht-Geschichten und Wiegenliedern. Die Mutter wollte dem Kind mehr Abwechslung bieten, erhoffte sich aber gleichzeitig im Stillen einen Zeitgewinn für sich. Von da an wurde also die Scheibe mit den Geschichten und Liedern zum Einschlafen abgespielt. Das anfängliche Interesse des Kindes erlahmte aber bald, es wünschte sich, dass die Mutter ihm wieder erzählte und sang. Das stieß bei der Mutter auf Unverständnis, sie meinte, dass die Märchen und Lieder auf der CD doch viel schöner erzählt und gesungen würden und dazu noch mit Musik.
Das Kind blieb bei seiner Ablehnung und wünschte sich inständig, dass die Mutter ihm wieder erzählen möge, ihm singen und es dabei wiegen möge! Nach vielen Fragen «Aber, warum denn? Weshalb denn?» sagte es endlich: «Ja, aber die CD hat keinen Schoß!»
Das Kind war leer ausgegangen für seine leiblichen Erwartungen. Man gab ihm «Steine statt Brot». Der Hunger der Seele nach Zärtlichkeit war nicht gestillt worden durch die CD.

Zur Tonqualität des Tones und des Klanges, der von Apparaten vermittelt wird, ist darauf aufmerksam zu machen, dass man einer Schein-Wirkung unterliegt. Hierzu folgende Ausführungen von Ernst Marti aus dem Buch *Das Ätherische:*
«Die heutige Akustik kennt den Klang-Äther nicht, sie hat die Auffassung, dass nur physisch-mechanische Faktoren den Ton erzeugen. Gespannte Saite – Finger, der die Saite zupft.
Glocke – Klöppel, der die Glocke schlägt etc.
Alles rein physische Tatsachen. Diese Tatsache gab hauptsächlich den Anlass zu der materialistischen Auffassung der Sinnesempfindung. Physisch erzeugte, physisch vorhandene Luftschwingungen wurden als Ursache und Wesen des Tones aufgefasst. Von da aus wurde unsere gesamte Wahrnehmungswelt als Schwingungen erklärt, alles Schwingungszustände.
Diese Auffassung ist grundsätzlich falsch!
Rudolf Steiner hat die Unhaltbarkeit dieser Theorie aufgezeigt in der Einleitung zu Goethes naturwissenschaftlichen Schriften.
Er hat das wirkliche Verhältnis der physischen Luftschwingungen zu dem Ton als ätherische Wirksamkeit dargelegt.
Schwingungen sind physische Sinneswelt, die ermöglichen, dass der Klang-Äther, der übersinnlich ist, als Ton in der sinnlichen Welt erscheinen und wahrgenommen werden kann.
Ohne Schwingungen gibt es keinen Ton! Aber wir hören nicht Schwingungen, sondern nehmen den mit ihm verbundenen ‹Klang-Äther› wahr, jeweils in der Qualität eines bestimmten Tones, zum Beispiel a′ oder d′ etc.

So haben wir Menschen die Möglichkeit, Schwingungen zu erzeugen, sodass ein Ton erscheinen muss!
Das ist eine Fähigkeit, die – wenn man sie sich einmal bewusst macht – dem Menschen seine Verantwortung für das Tönende in der Welt zeigt.
Schwingung ist Tonleib, in dem der ‹Klang-Äther› wirksam ist. Man bedenke, der Tonleib ist ein anderer, wenn er durch die geblasene Flöte oder durch die elektronische Orgel oder durch das Radio entsteht.
Damit ist nämlich klar, dass die Qualität des Tones eine andere ist und somit auch seine Wirkungen auf die Welt!»[3]

Und vor allem auf die kleinen Kinder, möchte ich hinzufügen. Die feinen Ohren sind noch so nah beim Schöpfer, hören noch den Klang der Himmel. Man sollte die Verbindung zum Kosmischen so lange wie möglich aufrecht erhalten, damit sie den Klang der Sternenwelt in den Tönen und Klängen noch mithören, unbeeinträchtigt von elektrischen Manipulationen, die die kosmische Verbindung erschweren, ja unterbrechen. Man sollte ihnen in dieser Lebensphase noch Schonung zukommen lassen, die man jungen Pflanzen selbst in unseren Industriestaaten noch zukommen lässt, dass sie an den ätherischen Lebenskräftestrom ungehindert angeschlossen bleiben.

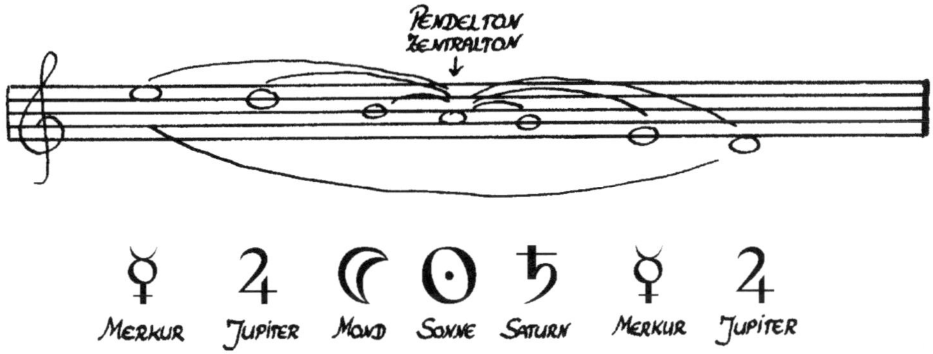

Nachtrag

Zum Thema «Wohlfühlen» soll noch etwas Wesentliches ins Bewusstsein gehoben werden.

Das Kind ist, wenn es geboren wird, total unerfahren für die Gegebenheiten der Erden-Welt. Es ist zwar im Mutterleib in seiner Leibesbildung gut vorbereitet und hat schon manches wahrgenommen vom Erden-Geschehen, muss aber diese Fähigkeiten alle noch einmal umgestalten, um erdentüchtig zu werden.

Der große Lernprozess beginnt. Im ersten Jahrsiebt ertastet, «begreift» es alles leiblich. Sein «Wohlfühlen» ist ein leibliches Wohlbehagen (behagen – im schützenden, bergenden Gehege sein). Es gilt zu beachten, dass die Handlungen, die zu seiner Betreuung angewendet werden müssen, so sind, dass es sich eingeladen und nicht zurückgestoßen fühlt auf seinem Weg ins Erdenleben.

Als oberster Gesichtspunkt gilt: ihm Zeit zu lassen! Unsere Bewegungen, unser leiblicher Umgang mit ihm sollten behutsam, ruhig, geschickt und sicher sein. Alles Hastige macht das Kind nervös, durch allzu Plötzliches wird es schreckhaft, alles Grobe, Unkontrollierte und Impulsive ruft Angst hervor; Desinteresse und Nachlässigkeit machen es apathisch.

Im ersten Jahr ist es ganz besonders wichtig, dass es immer die gleichen «Handhabungen» erlebt, um sich eingewöhnen zu können durch Wiederholung, das heißt für das Baden, Wickeln, Einölen, Wiegen, Ins-Bett-Legen etc. immer von dem gleichen Menschen betreut zu werden. Häufiger Wechsel gibt ihm diese Möglichkeit nicht. Wenn zum Beispiel die Hände des Menschen, durch den es betreut wird, einmal klein und weich, dann groß und hart oder breit und kühl sind etc., bedeutet das für das Kind jedes Mal, sich ganz neu orientieren, umstellen zu müssen, um sich zurechtzufinden. Es kann nicht genügend Erfahrungen sammeln, kann sich nicht vertraut machen. Die Grundlage einer leiblichen Vertrauensbildung ist nicht gegeben. Es kann sich nicht einschmiegen mit Wohlbehagen in Bekanntes, Bergendes.[4]

Das Gleiche gilt für die Stimme und deren Klang-Charakter, mit dem das Kind konfrontiert wird. Es wäre bei den heutigen Gegebenheiten, wo es immer häufiger nicht mehr möglich ist, dass das Kind (die Kinder) im «Schoße» einer Familie heranwachsen können, das heißt durchgehend von Mutter und Vater und den Geschwistern betreut werden, darüber nachzudenken, Formen der Lebensgestaltung zu finden, in der die unerlässliche Möglichkeit der Eingewöhnung, des Einwohnens in die vertrauten Gebärden der Menschen einigermaßen gewährleistet werden kann. Oft werden die Kinder an andere Familienmitglieder, Tagesmütter oder in Krippen abgegeben.

Wie wird ihnen unter diesen Umständen ein Raum des Wohlbehagens, ein bergendes Gehege geschaffen – nach oben besprochenen Gesichtspunkten? Wenn eine Verteilung der Verantwortung dafür auf verschiedene Menschen notwendig ist, sollten Absprachen getroffen werden, wie die Betreuung des Kindes so gestaltet wird, dass ihm möglichst wenig an Unerwartetem und Unbekanntem zugemutet wird. Das Kind muss sich durch Wiederholung bekannt machen, muss die Freude des Wiedererkennens erleben. Das Wiedererscheinen des Gleichen gibt ihm Sicherheit. Die Umgebung wird vertraut. Das ist die Voraussetzung, um sich freudevoll mit der Welt verbinden zu können, um den Anforderungen des Erwachsenwerdens gewachsen zu sein.

Das gilt ganz besonders für das erste Lebensjahr auch in der Familie. Der Mutter fällt da die Hauptaufgabe zu durch ihren leiblichen Kontakt (Hände, Stimme), den bergenden Raum der Eingewöhnung sicherzustellen. Vater und Geschwister sollten bestimmte Aufgaben zu bestimmten Zeiten übernehmen dürfen. Das muss abgesprochen und geklärt werden. Die Personen, die es betrifft, sollten sich daran halten.
Wenn das Kind steht und seine ersten Schritte setzt, erweitert sich der Kreis für die Mit-Betreuung, und wenn das Kind «ich» zu sich sagt ebenso. So geht es von Stufe zu Stufe voran in der Gemeinschaftsbeziehung, die einen schützenden Ring um das Kind bildet, in den es nach und nach mit einbezogen wird.

Dieser «Familien-Schoß» ist ein Raum voller Freude, aber auch voller Verantwortung, und Geschwister dürfen sich an dem neugeborenen und heranwachsenden Familienmitglied von Herzen freuen, sollten sich aber klar darüber werden, dass die Teilhabe an dem «Glück» bestimmt werden muss von dem, was dem Kind zuträglich ist. Es muss eine Bereitschaft vorhanden sein, die aus dem Bewusstsein für Notwendigkeiten entwickelt werden kann, die das Wohl des Kindes dem eignen Wunsche nach Glücklichsein, nach Selbstverwirklichung, voranzustellen fähig ist. Und das ganz besonders im ersten Lebensjahr.

Es ist wichtiger,
Kinder glücklich zu machen,
als durch Kinder
glücklich zu werden.

Walter Bärsch

Lieder in der Quintenstimmung mit dem Zentralton a' für Erwachsene

Diese Lieder wurden hier eingefügt, um dem Erwachsenen Gelegenheit zu geben, sich auf einer ihm entsprechenden Ebene mit dem Tonraum der Quintenstimmung mit dem Zentralton a' ohne dur und moll, im Nonenraum schwingend, vertraut zu machen. So kann sich der Erwachsene in den Tonraum einleben, einhören, um dann die Lieder für Kinder im ersten Jahrsiebt und noch darüber hinaus sicher zu singen und auch eigene Melodien zu gestalten. Für kranke Menschen haben Lieder in der Quintenstimmung heilenden Charakter. Sie befreien von seelischem Druck und regen die Lebenskräfte an.
Die Lieder sind immer in der angegebenen Tonhöhe zu singen. An den Takt und die Notenwerte ist man dagegen nicht streng gebunden, man kann die Lieder frei der Sprache folgend gestalten.

Der Stern

Strahlend – strömend und getragen

Text und Melodie: Wilma Ellersiek

Wenn eine Mutter ihr Kindlein tut wiegen

Ruhig schwingend

Text: Gottfried Wolters / Melodie: Wilma Ellersiek

Am Ufer des Bächleins

Leicht bewegt

Text und Melodie: Wilma Ellersiek

Unter dem Baum

Ruhevoll

Text und Melodie: Wilma Ellersiek

Weihnachts-Rufe

Festlich-froh

Text und Melodie: Wilma Ellersiek

O, Stern Davids

Feierlich ~ getragen

Text und Melodie: Wilma Ellersiek

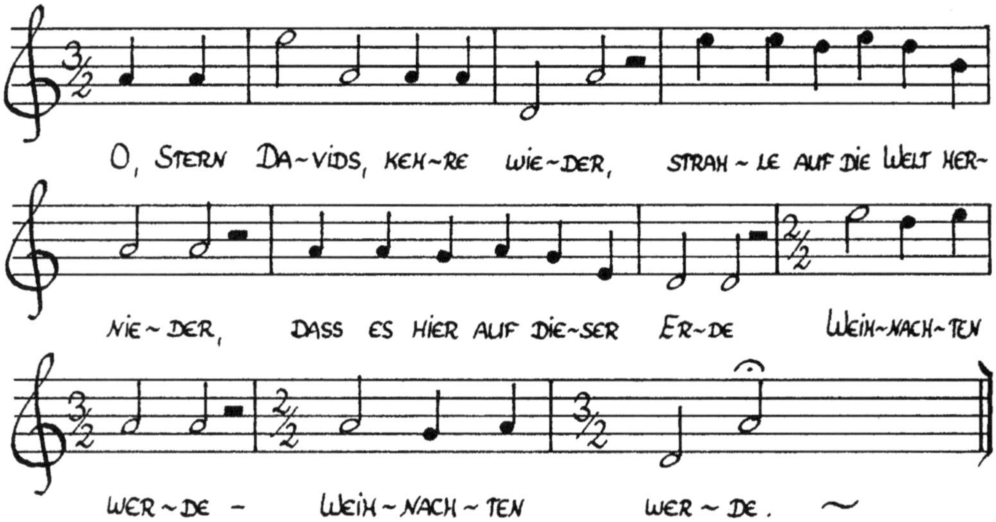

Lass dein Schicksal geschehen

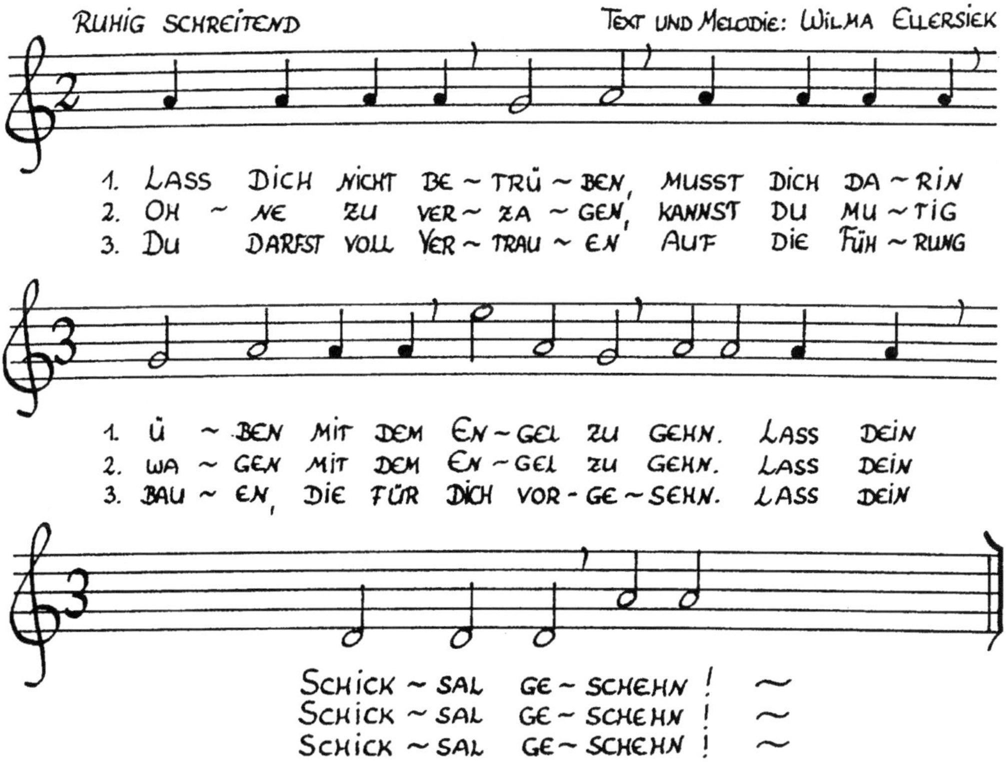

2 / 2 und 3 / 2-Schwingung

* Als Abschluss kann «Lass dein Schicksal geschehn» noch einmal wiederholt werden.

Anhang mit Praxisberichten von Erziehern und Eltern zu den Liedern von Wilma Ellersiek

«… Allen Liedern ist gemeinsam die beruhigende einwiegende Gebärde im Schaukeln zwischen den Quint-Tönen und den zarten Sekunden, wie den ausklingenden Primen.
So ist das Wiegen- oder das Ruhe-Lied eine kleine Musik-Therapie, welche das Kind da abholt, wo es ist, und aus der Bewegung ganz sanft und leicht hinführt zur Ruhe. Es wird eintönig im Ausklingen und im Verstummen löst es sich vom schlafenden Kind.»

H. S., Hannover

Zur «Ruhe-Quinte»

Hinreichend dynamisch ist es zugegangen, als der Herbstwind die Zapfen purzeln ließ. Anschließend klopfte Zwerg Klimperklein im Berg, was die Größten mit den Klangstäben begleiten durften.
Darauf folgte die Ruhe-Quinte, gesungen und gespielt auf der Choroi-Flöte.
Tatsächlich hielten alle friedlichst auf der Erde Ruh … und dann ging's wieder los …

Die in der «Ruhe-Phase» der Spielabläufe gesungene Ruhe-Quinte lässt den Kindern Zeit zum inneren Nach-Lauschen des vergangenen bewegten Geschehens wie auch zur Vorbereitung auf die neue Bewegung. Wie die Kinder die liebevolle leibliche Berührung und die impulsierende rhythmisch-musikalische Ansprache benötigen, so wird in den Wiegen- und Ruhe-Liedern das Erklungene, ganz nach innen genommen, ihr «Eigenes».

H. S., Hannover

Zu «Vater wiegt das Kindlein»

Dieses Lied war die erste Begegnung mit einem Wiegenlied von Frau Ellersiek und schloss mir das Tor zu ihrem Werk auf. Wenig später wurde es unentbehrliche Hilfe beim Zu-Bett-Bringen unseres ersten Kindes. Für mich als Mutter war es der Text in Form eines Ammenmärchens in seiner ein- und auswickelnden Gebärde, für den Säugling Sebastian die gleichmäßige Melodie des Gesanges manchmal von der Kinderharfe begleitet, die ihn in den so dringend benötigten Schlaf sanft hinüber schaukelte. Noch heute ist es das Wiegenlied für seinen kleinsten Bruder …

H. S., Hannover

Zu «Weh', Weh', Wiegewind»

Dieses Wiegenlied wird bei jeder Gelegenheit, sowohl im Kindergarten als auch in der Spiel- und Eltern-Kind-Gruppe, gesungen und bewegt. Zum Beispiel wenn die Puppenkinder in ihren Bettchen versorgt werden und während der Geburtstagsfeier. Von dieser möchte ich Ihnen berichten:
Nach der Geburtstagsgeschichte machen wir mit den Puppen, die wir in den Armen halten, ein Berührungsspiel. Anschließend folgen die Spiele «Troppe Tröpfele» und «Trocken reiben» Zum Abschluss werden die Puppen mit dem Lied «Weh', Weh', Wiegewind» gewiegt. Währenddessen ist jedesmal bei allen Kindern zu erleben, dass das Hin- und Herwiegen –

begleitet durch den Gesang mit seinem wiegenden Gepräge – eine Beruhigung, Besänftigung, ein Zu-sich-Kommen bewirkt. Mit Innigkeit werden die Puppen liebevoll gewiegt, aber gleichzeitig wiegen die Kinder ja auch mit und werden vom Gesang gewiegt.
Dieses auf mehreren Ebenen rhythmische Schwingen und Bewegen von einer Polarität zur anderen (hin und her) führt immer durch die Mitte und zum Schluss auch dorthin. Die Kinder sind durch das rhythmische Bewegen gehalten. Die Mitte, der Herzbereich insbesondere, wird auf diese Weise erlebt, gestärkt und beruhigt – es ist ein freudebringendes Zu-sich-Kommen.
Auch bei den jeweils anwesenden Erwachsenen (Praktikantinnen, Mütter) geschieht diese Wirkung des Zu-sich-Kommens. Die Erwachsenen sind tief berührt, die Kinder in ihrer Hingabe erleben zu dürfen und beobachten zu können, wie sie durch das «Wiegespiel» in den Raum der Geborgenheit, des liebevoll Gehaltenseins geführt werden.
Die Kinder lieben dieses Spiel sehr, singen auch gerne mit, und immer wieder ertönt der Gesang während ihres Spielens. Dieses Wiegenlied eignet sich hervorragend, um das Spiel mit der Puppe zu beleben und zu inspirieren.

J.W., Rheinfelden/Schweiz

Nach einer Reihe von Frühlingsliedern und -spielen singen wir: «Weh, weh Wiegewind, wieg mir ein mein Vogelkind.»
Die Kinder halten sehr behutsam ihre kleinen Vöglein im Nest (Hand-Geste) und schaukeln sie sanft. *H. S., Hannover*

Zu «Husch – in's Bett»

Wie bekomme ich mein kleines Spatzerl, das wieder herausgeschlüpft ist und durchs Zimmer strazzelt – und das nach allem Gute-Nacht-Sagen – jetzt wieder ins Bett?
Mit «Husch – in's Bett!», und es gelingt, oh Wunder! *H. S., Hannover*

Zu «Gute Wacht Lied»

Eines Abends war es etwas später geworden als gewöhnlich, und anstatt eine Geschichte vorzulesen, sang ich unseren beiden Großen (10 und 8 1/2 Jahre alt) «Seht der Mond am Himmelszelt» vor und begleitete die Worte und die Melodie mit den Handgesten. Die gerade noch so aufgedrehten, kaum zu bändigenden Jungs wurden ganz still –, machten die Bewegungen mit, und es breitete sich ein Frieden im Kinderzimmer aus, der die beiden nach dem Gebet gleich einschlafen ließ und ihnen eine ruhige Nacht schenkte, ohne «Gequassel» vor dem Einschlafen, und ohne Aufstehen, um dies oder jenes noch zu holen. Auch unsere beiden jüngeren Kinder lieben den «Mond am Himmelszelt» sehr, und wir haben ihn lange Zeit abends immer im Kinderzimmer aufgehen lassen. *H. L., Hannover*

Zum «Ruhe-Dideldu»

Das Spielen mit ungefähr acht Kindern eines kleinen Kindergartens, der zu einer größeren Wohngemeinschaft gehört, hatte ich beendet. Nun warteten sie noch darauf, von ihrer Kindergärtnerin abgeholt zu werden, was sich jedoch verzögerte. – Aber da lag ein Stapel zusammengelegter Wolldecken auf dem Boden! Auf die konnte man sich legen oder setzen, herumtoben oder auch einander ein wenig belästigen. – Nach einigen Minuten stellte ich mich zu den Kindern, sah dem Treiben noch kurz zu und fing dann einfach an zu singen: «Su-su-su – alle Kinder halten Ruh!» Eine große Stille trat ein. Gelöst lagen alle auf den Decken, und ein tiefes Befriedet-Sein hatte sich eingestellt, das nach dem Schluss des Liedes noch blieb, bis die Kindergärtnerin kam.

R. B., Esslingen

Zu «Alle die Sternlein»

Wir singen das Lied als Abschlusslied von unserem Singkreis, und es entsteht eine Himmelskuppel von leuchtenden Sternlein aus Kinderhänden. *H. S., Hannover*

Zur Wirkung der Silber-Cymbel

Die Finger-Cymbeln sind wie ein Zauberinstrument. Wenn sie erklingen – nur einmal angeschlagen –, verraten die Gesichter der Kinder ein großes Staunen. Sie lauschen: Wohin ist der Klang gewandert? Er scheint im ganzen Raum zu sein. – Wie eine köstliche Nahrung für die Seelen der Kinder wirkt dieser Ton. Wenn er verklingt, ist Erwartung geweckt auf das, was noch geschehen wird. *R.B., Esslingen*

Wilma Ellersiek, ein Leben für den Rhythmus

In einem kleinen Ort in Schleswig-Holstein, direkt an der Ostseeküste erblickte Wilma Ellersiek am 15. Juni 1921 das Licht der Welt. Mit dem Rhythmus der Wellen, dem Rauschen des Windes mit Hunden, Katzen, Hühnern, Enten und einem Pferd als Spielkameraden erlebte sie eine naturverbundene Kindheit. Ihre Freunde waren, wie sie selbst sagt, die Blumen, die Bäume, der Sand und die Sterne. Aber besonders das Phänomen des Rhythmus, das am Meer in vielschichtiger Weise erlebbar ist, wird Wilma Ellersiek ihr ganzes Leben lang begleiten. Rückblickend empfindet sie ihre Kindheit als ein fast himmlisches Leben im Rhythmus der Natur. Im Elternhaus bekommt sie Anregungen im musikalisch-künstlerischen und sprachlich-literarischen Bereich. Einerseits die Natur, andererseits die Kultur – eine ideale, wundervolle und aufbauende Atmosphäre zur Menschwerdung.

Im Jahr 1927 zieht die Familie Ellersiek nach Westfalen. Wiederum hat die kleine Wilma das Glück, neben einem Bauernhof zu wohnen, die geliebten Tiere bleiben also weiterhin ihre Kameraden. Neu ist für sie der Eindruck der im Wind wogenden Kornfelder, eine andere Art von rhythmischer Wellenbewegung. Jetzt kommen auch erste Kinderbegegnungen im Kindergarten und bald schon in der Schule hinzu. Die gemeinsame Zeit ist erfüllt vom Singen, Tanzen und Deklamieren, ja, die ganze Kinder- und Jugendzeit empfindet sie in der Rückschau als eine von Musik und Rhythmus durchdrungene Zeit – eine gute Basis für ihren späteren Werdegang.

Wilma Ellersiek beendet die Schule mit dem Abitur und beginnt im Jahr 1941 in Leipzig zu studieren. Sie belegt zunächst die Fächer Schulmusik, Germanistik und Kunstgeschichte. Durch eine schwere Erkrankung muss sie das Studium unterbrechen, hinzu kommen Kriegswirren, die im Jahr 1945 die Familie dazu zwingen, aus dem Osten zu fliehen. In Essen nimmt Wilma Ellersiek ihr Studium an der Folkwangschule wieder auf, allerdings wechselt sie den Studiengang. Das neue Fach ist die rhythmisch-musikalische-Erziehung. Dieses Studium setzt sie in Stuttgart an der Staatlichen Hochschule für Musik und Darstellende Kunst fort. Dort bekommt sie Unterricht bei Elfriede Feudel, der Meisterschülerin des Begründers der Rhythmik, Emile Jaques-Dalcroze. Wilma Ellersiek belegt in Stuttgart außer der Rhythmik auch den Studiengang Sprecherziehung und schließt beide Fächer 1957 mit dem Staatsexamen ab. Die Rhythmik ist ihr jetzt zum Lebensinhalt geworden. Sie bleibt als Assistentin an der Stuttgarter Musikhochschule in den Abteilungen «Rhythmik», «Schauspiel» und «Gesprochenes Wort». Nach der Assistenzzeit wird ihr eine Dozentenstelle angeboten, später wird sie Professorin. Neben ihrer Arbeit an der Hochschule führt sie Regie an Opern- und Schaupielhäusern, unter anderem in Stuttgart, Wien und London.

Wieder ist es eine schwere Erkrankung, die einen entscheidenden beruflichen Umbruch einleitet, und wieder ist es der Rhythmus, der sie fasziniert. Wilma Ellersiek wendet sich nun der Erforschung des Rhythmus in seiner Wirkung in der Bewegung, in der Sprache und in der Musik speziell beim kleinen Kind zu. Ihre Arbeit an diesem Thema erregt Aufsehen, 1968 erhält sie vom Land Baden-Württemberg einen einschlägigen Forschungsauftrag. Aus diesem Impuls heraus entstehen die ersten «Gestenspiele» für das Kind im Vorschulalter. Aus diesen kleinen Gestenspielen entwickelt sie Schritt für Schritt, mit beneidenswerter Intuition, aber auch enormer Akribie und Sorgfalt große, zusammenhängende Spieleinheiten in gereimter Sprache, durchwoben vom Rhythmus und der Musik. Sie nennt ihre Kurse zunächst «Elternschule», denn ihre Idee ist es, die Kinder zusammen mit den Müttern oder den Vätern zu unterrichten. Die Stuttgarter Musikhochschule richtet innerhalb des Faches Rhythmik für Wilma Ellersiek in den späten sechziger Jahren den Teilbereich «Rhythmik in der Vorschulzeit» ein. In diese Zeit fällt auch die Begegnung mit der «Urmutter» der Waldorfkindergärten, Klara Hattermann, mit der sie sich bis zum heutigen Tag in inniger Feundschaft verbunden fühlt. Klara Hattermann nimmt die neuen Spiele mit Interesse wahr, sie begleitet Wilma Ellersiek durch mancherlei Schwierigkeiten und ermutigt sie immer wieder weiterzumachen, sie trägt die Spiele in Kursen in die Welt hinaus – wie auch einige von Wilma Ellersieks Stuttgarter Studentinnen. Nach 25 Jahren intensiver Lehrtätigkeit verlässt sie 1983 die Hochschule und geht in den Ruhestand. Der Lehrpflicht enthoben, wird Wilma Ellersiek besonders kreativ. Viele Spiele entstehen jetzt, darunter all die Liebkoschen und die vielen Wiegenlieder. In dieser Zeit bildet sich auch in Hannover um Klara Hattermann ein Interessenkreis, der sich intensiv um all die Spiele von Wilma Ellersiek bemüht und für die möglichst urhebergetreue Verbreitung sorgt.

Die Spiele von Wilma Ellersiek sind der Natur abgelauscht, in phänomenologisch stimmiger Weise gelingt es ihr im künstlerisch gestalteten Rhythmus der Sprache und den entsprechend passenden Bewegungen, den Wind, die Blumen, die Tiere, die Sonne, den Mond und die Sterne in kleine musikalische Geschichten dem Kind nahe zu bringen. Auf diese Weise schenkt sie den Kindern heute von ihrer eigenen naturverbundenen Kindheit etwas, durch die in den Spielen schwingenden heilsamen, natürlichen Rhythmen.

Ingrid Weidenfeld

Anmerkungen

1 Alfred Nitschke, *Das verwaiste Kind der Natur – Ärztliche Beobachtungen zur Welt des jungen Menschen.* Tübingen ²1968.
2 Klara Hattermann, *Nachahmend lebt sich das Kind in die Welt ein*. Aufsatz aus dem Weleda-Almanach.
3 Ernst Marti, *Das Ätherische. Eine Erweiterung der Naturwissenschaft durch Anthroposophie.* Hrsg. von Irmgard Rossmann, Dornach ²1994.
4 Siehe dazu Emmi Pikler, *Friedliche Babys – zufriedene Mütter. Pädagogische Ratschläge einer Kinderärztin.* Freiburg ¹⁰2000.

Literatur

Wilhelm Hoerner, *Zeit und Rhythmus. Die Ordnungsgesetze der Erde und des Menschen.* Stuttgart 2001.

Hans Jenny, *Kymatik / Cymatics,* Band II, Basel 1974.

Hans Kayser, *Harmonikale Forschung,* Vortrag, Wien.

Julius Knierim, *Pentatonik und Quintenstimmung,* Selbstverlag, Hannover.

Hugo Kükelhaus, *Organisation und Technik. Gegen die Zerstörung der menschlichen Wahrnehmung.* Frankfurt am Main 1979.

Karl Lorenz, *Der Rhythmus als Zeitgestalt,* Band 2: Rhythmik in der Erziehung, Heft 1 / 1983. Kallmayer, Wolfenbüttel.

Helmut Moog, *Das Musikerleben des vorschulpflichtigen Kindes.* Mainz 1968.

Alfred Nitschke, *Das verwaiste Kind der Natur – Ärztliche Beobachtungen zur Welt des jungen Menschen.* Tübingen ²1968.

Jean Piaget, *Nachahmung, Spiel und Traum* (Ges. Werke, Bd. 5). Stuttgart 1996.

Rudolf Steiner, *Allgemeine Menschenkunde als Grundlage der Pädagogik.* 11. Vortrag, Dornach ⁹1992.

Rudolf Steiner, *Die geistig-seelischen Grundkräfte der Erziehungskunst. Spirituelle Werte in Erziehung und sozialem Leben.* Dornach 1972.

Georgiades Thrasybulos, *Musik und Rhythmus bei den Griechen – Zum Ursprung der abendländischen Musik* , Rowohlts Deutsche Enzyklopädie, Bd. 61. Reinbek 1958.

F. Zipp, *Vom Urklang zur Weltharmonie. Werden und Wirken der Idee der Sphärenmusik.* Kassel 1985.

Adressen

Arbeitskreis für die Spiele von W. Ellersiek
c/o Margret Costantini
Im Bruche 3, 30519 Hannover

Kindergarten-Seminar Hannover
Rudolf-von-Bennigsen-Ufer 70c
30175 Hannover
Telefon (05 11) 88 40 33

Internationale Vereinigung der
Waldorfkindergärten e.V.
Heubergstraße 18
70188 Stuttgart
Telefon (07 11) 9 25-7 40
Internet: www.waldorfkindergarten.org
E-Mail: inter.waldorf@t-online.de

Ingrid Weidenfeld
Bodelschwinghstraße 7
70597 Stuttgart

Wilma Ellersiek

Berührungs- und Handgestenspiele

Für Kinder zwischen 0 und 9 Jahren.
Herausgegeben von Irmela Möller, Jürgen Möller und Ingrid Weidenfeld.
102 Seiten mit zahlreichen Illustrationen von Friederike Lögters, gebunden.

Die Berührungsspiele, von Wilma Ellersiek auch «Liebkoschen» bezeichnet, sind kleine Spiele, die der Erwachsene mit dem Kind spielt; dazu gehören gereimte Texte und zarte Berührungen. In der liebkosenden Berührung, begleitet von musikalisch gestalteter Sprache, teilt sich der Erwachsene dem Kinde in sanfter Weise mit. Spiele ähnlicher Art, in schlichter volkstümlicher Form, waren jahrhundertelang von Mund zu Mund tradiert, bis sie im Zeitalter der modernen Medien in Vergessenheit gerieten.
Wilma Ellersiek hat mit diesem Buch für die heutigen Kinder und Eltern eine Sammlung neuer Berührungsspiele geschaffen. Aufgrund ihrer umfassenden Kenntnis der Entwicklung des kleinen Kindes, verbunden mit einer außergewöhnlichen sprachlichen und musikalischen Begabung, gelingt es der Autorin, auch die allerkleinsten Spiele musikalisch-künstlerisch zu gestalten.
Die «Liebkoschen» haben sich bereits vielfach bewährt. Eltern, Erzieher, Kinderärzte und Therapeuten berichten von der harmonisierenden bzw. heilenden Wirkung bei gesunden und kranken Kindern.

Verlag Freies Geistesleben